MICRO ONDES

POL MARTIN

la presse

L'auteur tient à remercier
Josée Dugas pour sa précieuse
collaboration

Éditeurs:
LES ÉDITIONS LA PRESSE, LTÉE
7, rue Saint-Jacques
Montréal H2Y 1K9

Photographies:
POL MARTIN

Tous droits réservés:
LES ÉDITIONS LA PRESSE, LTÉE
©Copyright, Ottawa, 1983

1ère réimpression 1984

Dépôt légal:
BIBLIOTHÈQUE NATIONALE DU QUÉBEC
4e trimestre 1983

ISBN 2-89043-110-X

Sommaire

Introduction

Mes amis,

Le four à micro-ondes! Pendant plusieurs années, j'ai ignoré sciemment cette méthode de cuisson des temps modernes. Toutefois, comme on me demandait de plus en plus souvent, au cours de mes démonstrations culinaires, «s'il était possible de bien cuisiner au four à micro-ondes», j'ai décidé d'en faire l'expérience, non sans scepticisme, je vous l'avoue. Ma formation de chef me rendant réfractaire à tout changement, par principe. Aujourd'hui, je peux vous affirmer sans hésitation qu'il n'existe aucune raison valable d'en contester la valeur.

Allié au four ordinaire, le four à micro-ondes est devenu un accessoire presque indispensable de nos jours, compte tenu de notre rythme de vie. Son utilisation est simple, mais il est très important, et je tiens à le souligner, de suivre avec soin les instructions du fabricant pour en bien comprendre le fonctionnement; chaque four est différent, bien que le principe de base demeure le même.

Au cas où vous éprouveriez quelque crainte à utiliser le micro-ondes, je m'en suis tenu à des recettes très simples, faciles à préparer dans des plats ou contenants que l'on trouve dans toute cuisine moderne. Quant aux recettes plus élaborées, elles viendront sans doute plus tard, dans un autre livre...

Pour mieux vous familiariser avec votre four à micro-ondes et connaître son mode d'opération, je vous recommande de commencer par la cuisson d'un légume ou d'un plat en sauce. Cela fait, le reste viendra naturellement et la cuisine micro-ondes n'aura plus de secrets pour vous.

Et un facteur important à retenir: à l'achat d'un micro-ondes, choisissez un modèle à voltage élevé (plus de 650 W). Vous obtiendrez ainsi de meilleurs résultats tout en sauvant un temps précieux.

Donc, et je vous l'assure, il est possible de bien cuisiner au four à micro-ondes!

Bonne chance!

Chef Pol Martin

Que sont
les micro-ondes?

Les micro-ondes sont des ondes très courtes qui fonctionnent sur le même principe que la radio et la télévision.

Un tube cylindrique, appelé magnetron et situé dans le four, transforme l'électricité de la maison en micro-ondes. Ces micro-ondes sont réfléchies sur les parois en métal du four et sont transmises à travers le verre, le plastique et le papier. Elles sont ensuite absorbées par les aliments.

Il est important de souligner que la cuisson des aliments commence par l'extérieur et se dirige, en progressant, vers le centre. Les micro-ondes provoquent une vibration rapide des molécules d'eau contenues à l'intérieur des aliments et, de ce fait, produisent une énergie calorifique qui cuit les aliments.

Lorsque le temps de cuisson est terminé ou que la porte du four est ouverte, l'émission des micro-ondes s'arrête immédiatement.

Lorsque l'on travaille avec un nouvel appareil, il est bien important d'en connaître le fonctionnement et les capacités. Donc, à l'aide du guide du fabricant, familiarisez-vous avec votre four à micro-ondes. N'oubliez pas: tous les micro-ondes ont le même principe de base, mais là s'arrête la similitude.

Les fours à micro-ondes diffèrent aussi en voltage et sont sensibles à la force du pouvoir électrique de votre région. Comme chaque modèle a une façon différente de régler sa force de cuisson, nous avons procédé comme suit dans nos recettes:

Réglage	% de la force maximum	watts
FORT	100%	650
MOYEN-FORT	75%	485
MOYEN	50%	325
DOUX	25%	160

Si votre four à micro-ondes a une force moindre que 650 watts, le temps de cuisson devra augmenter.

Pour faire dégeler les aliments, la méthode la plus sûre est celle que vous trouverez dans le guide du fabricant.

N'oubliez pas

— La durée de la cuisson est proportionnelle au volume et à la densité des aliments.
— Le temps de cuisson variera selon la température des aliments et la quantité d'aliments cuits.
— Les aliments continuent de cuire après leur sortie du four. Dans certaines recettes, un temps de pause sera nécessaire avant de servir.

— Pour obtenir une cuisson uniforme, couper les ingrédients de grosseur égale.

— Lorsqu'il s'agit de pièces de viande, ou autres aliments assez volumineux, on obtient de meilleurs résultats en les retournant à l'occasion pendant la cuisson.

— Comme les micro-ondes commencent par cuire l'extérieur des aliments, la disposition de ces derniers dans un plat est très importante. Placer la partie la plus épaisse et la plus grosse vers l'extérieur du plat et la partie la plus mince ou la plus petite au milieu.

— Comme la cuisson est plus rapide vers l'extérieur du plat, il faut remuer les ingrédients en partant de l'extérieur vers l'intérieur pour obtenir une cuisson plus uniforme.

— Percer délicatement le jaune des oeufs pour éviter qu'il n'éclate pendant la cuisson. IMPORTANT: ne pas faire cuire d'oeufs durs aux micro-ondes.

— Pour brunir les viandes: les badigeonner avec un mélange de sauce soya et de sirop d'érable.

Couvrir les aliments

Avec une pellicule de plastique: pour conserver l'humidité des aliments. Toutefois, il est important de percer la pellicule afin de permettre au surplus de vapeur de s'échapper.

OU: on peut obtenir le même résultat en repliant un coin de la pellicule.

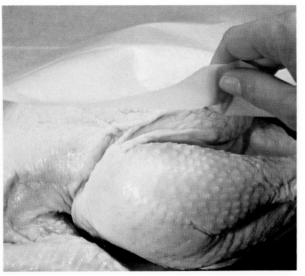

Avec un papier ciré: pour couvrir plus légèrement les aliments et retenir un peu moins d'humidité.

Avec un papier essuie-mains: pour absorber le gras de certains aliments, empêcher les éclaboussures ou pour réchauffer.

Ustensiles

Évitez les ustensiles de métal car les micro-ondes ne passent pas à travers ce matériau. Il y a toutefois quelques exceptions et l'on peut, à l'occasion, utiliser un papier d'aluminium lorsqu'on veut ralentir la cuisson d'un rôti ou d'un poulet.

Ce sont les ustensiles et contenants de verre qui conviennent le mieux aux micro-ondes et qui sont, en général, le plus utilisé.

Quant aux ustensiles de plastique, il est préférable de ne les utiliser que pour la cuisson d'aliments ne réquérant que très peu de temps.

Certains ustensiles que vous possédez présentement dans votre cuisine peuvent servir à la cuisson aux micro-ondes. Pour en vérifier l'efficacité, faites le test suivant:

Placez l'article vide dans le four, à réglage FORT, pendant 1 minute. S'il devient chaud, c'est qu'il ne convient pas à ce type de cuisson.

En cas de doute, référez-vous au guide ou aux recommandations du fabricant.

Un dernier mot: Dans les recettes qui suivent, le mot four réfère au four à micro-ondes. Lorsque, à l'occasion, nous l'avons utilisé de pair avec un four ordinaire, nous avons désigné ce dernier comme tel.

Variété de plats

Voici quelques plats en Pyrex que l'on trouve facilement sur le marché.

1 Plat carré de 2 litres

2 Plat à tarte de 1,5 litre

3 Plat rond avec couvercle de 2 litres

4 Plat rectangulaire offert en différents formats.

Beurres
sauces
et potages

Beurre à l'ail

227g	(½ lb) de beurre mou
2	gousses d'ail, écrasées et hachées
1	échalote, hachée
15 mL	(1 c. à soupe) de persil haché
	quelques gouttes de jus de citron
	quelques gouttes de sauce Tabasco
	quelques gouttes de sauce Worcestershire
	sel et poivre de Cayenne

Bien incorporer tous les ingrédients dans un bol.
Corriger l'assaisonnement.
Mettre le beurre à l'ail dans un papier d'aluminium, rouler et fermer les extrémités.
Placer le tout au réfrigérateur.
NOTE: on peut aussi faire congeler le beurre.

Beurre à la moutarde

45 mL	(3 c. à soupe) de beurre
15 mL	(1 c. à soupe) de moutarde de Dijon
1	gousse d'ail, écrasée et hachée
	quelques gouttes de jus de citron

Mélanger tous les ingrédients à l'aide d'une spatule.
Conserver le beurre à la moutarde au réfrigérateur.

Beurre à la moutarde et à l'ail

45 mL	(3 c. à soupe) de beurre
15 mL	(1 c. à soupe) de moutarde de Dijon
1	gousse d'ail, écrasée et hachée
5 mL	(1 c. à thé) de sauce Worcestershire
	sel et poivre

Bien incorporer tous les ingrédients à l'aide d'une spatule.
Conserver le beurre à la moutarde et à l'ail au réfrigérateur.

Beurre au raifort

Avec le rôti de porc

45 mL	(3 c. à soupe) de beurre
5 mL	(1 c. à thé) de moutarde de Dijon
5 mL	(1 c. à thé) de raifort
5 mL	(1 c. à thé) de sauce Worcestershire
	poivre du moulin

Bien incorporer tous les ingrédients à l'aide d'une spatule.
Conserver le beurre au raifort au réfrigérateur.

Beurre aux anchois

227 g	(½ lb) de beurre mou
1	boîte d'anchois, lavés et asséchés
15 mL	(1 c. à soupe) de ciboulette
	quelques gouttes de jus de citron
	quelques gouttes de sauce Worcestershire
	quelques gouttes de sauce Tabasco

Mettre les anchois en purée dans un mortier. Passer la purée au tamis en la forçant avec un pilon.
Ajouter le beurre et mélanger le tout.
Arroser de jus de citron et ajouter les épices; bien incorporer le tout.
Placer le beurre sur une feuille de papier d'aluminium, rouler et fermer les extrémités.
Le beurre se conserve au congélateur.
Servir avec des steaks de saumon, des filets de sole, etc.

Fond de poisson

Réglage: FORT
Temps de cuisson: 10 minutes
Contenant: plat micro-ondes de 2 litres

15 mL	(1 c. à soupe) de beurre
5	champignons, émincés
2	échalotes, émincées
3	queues de persil
125 mL	(½ tasse) de vin blanc sec
2	filets de sole
1 L	(4 tasses) d'eau
1	feuille de laurier
	quelques gouttes de jus de citron
	sel et poivre du moulin

Mettre le beurre, les champignons, les échalotes et le persil dans le plat; poivrer et arroser le tout de jus de citron.

Ajouter le vin et les filets de sole; saler et ajouter l'eau et la feuille de laurier.

Couvrir avec une pellicule de plastique; faire cuire 10 minutes.

Retirer du four et laisser reposer le tout 7 ou 8 minutes.

Passer le liquide au tamis. Réfrigérer.

Sauce à la diable

(pour 4 personnes)
Avec le porc, le boeuf et les restes de viande

Réglage: FORT
Temps de cuisson: 9 minutes
Contenant: plat micro-ondes rond de 2 litres

5 mL	(1 c. à thé) de beurre
3	échalotes sèches, hachées
250 mL	(1 tasse) de vin blanc sec, préalablement réduit de moitié sur un élément de la cuisinière
50 mL	(¼ tasse) de vinaigre de vin, préalablement réduit des trois quarts sur un élément de la cuisinière
300 mL	(1¼ tasse) de bouillon de boeuf chaud
15 mL	(1 c. à soupe) de sauce soya
30 mL	(2 c. à soupe) de pâte de tomates
45 mL	(3 c. à soupe) de fécule de maïs
60 mL	(4 c. à soupe) d'eau froide
15 mL	(1 c. à soupe) de persil haché
15 mL	(1 c. à soupe) de moutarde de Dijon
	quelques gouttes de sauce Worcestershire
	sel et poivre

Mettre le beurre et les échalotes dans le plat; couvrir avec une pellicule de plastique; faire cuire pendant 2 minutes.

Retirer le plat du four; remuer le tout et ajouter le vin, le vinaigre, le bouillon de boeuf chaud, la sauce soya et la pâte de tomates; bien mélanger.

Délayer la fécule de maïs dans l'eau froide; incorporer ce mélange à la sauce et assaisonner au goût.

Faire cuire, sans couvrir, pendant 7 minutes, tout en remuant la sauce avec un fouet à toutes les deux minutes.

Retirer le plat du four, ajouter le persil et la sauce Worcestershire.

Ajouter la moutarde forte; bien incorporer le tout. Servir.

Sauce à l'italienne

Sauce à l'italienne

(pour 4 personnes)

Réglage: FORT
Temps de cuisson: 25 minutes
Contenant: plat micro-ondes de 2 litres

5 mL	(1 c. à thé) d'huile d'olive
1	oignon, haché
2	gousses d'ail, écrasées et hachées
1	branche de céleri, coupée en petits dés
454 g	(1 lb) de boeuf maigre, haché
1 mL	(¼ c. à thé) de muscade
1 mL	(¼ c. à thé) de clou de girofle
45 mL	(3 c. à soupe) de pâte de tomates
1	boîte de tomates de 796 mL (28 oz), égouttées et hachées
250 mL	(1 tasse) de bouillon de boeuf chaud
1	feuille de laurier
2 mL	(½ c. à thé) d'origan
	sel et poivre

Mettre l'huile, les oignons, l'ail et le céleri dans le plat; saler, poivrer.

Couvrir avec une pellicule de plastique; faire cuire pendant 4 minutes.

Ajouter la viande, mélanger et continuer la cuisson pendant 3 minutes.

Ajouter la pâte de tomates; bien mélanger.

Ajouter les tomates et les épices; mélanger de nouveau.

Ajouter le bouillon de boeuf, poivrer et faire cuire, sans couvrir, pendant 18 minutes.

Mélanger la sauce 2 fois pendant la cuisson.

Servir cette sauce avec des pâtes alimentaires ou des steaks hamburger.

Technique

1 Mettre l'huile, l'ail, les oignons et le céleri dans un plat.

2 Ajouter la viande et mélanger le tout. →

Technique de la sauce à l'italienne (suite)

3 Voici la viande après 3 minutes de cuisson.

4 Ajouter la pâte de tomates.

5 Ajouter les tomates et les épices.

6 Ajouter le bouillon de boeuf.

Sauce au cari

(pour 4 personnes)
Avec les côtes d'agneau, les entrecôtes et les noisettes d'agneau

Réglage: FORT
Temps de cuisson: 9 minutes
Contenant: plat micro-ondes rond de 2 litres

15 mL	(1 c. à soupe) de beurre
1	oignon, haché
30 mL	(2 c. à soupe) de poudre de cari
375 mL	(1½ tasse) de bouillon de poulet chaud
30 mL	(2 c. à soupe) de fécule de maïs
45 mL	(3 c. à soupe) de crème de table à 18% ou de lait
	sel et poivre

Mettre le beurre, les oignons et la poudre de cari dans le plat; couvrir avec une pellicule de plastique; faire cuire 3 minutes.

Retirer le plat du four. Mélanger le tout et ajouter le bouillon de poulet; mélanger de nouveau.

Mélanger la fécule de maïs et la crème et incorporer le tout à la sauce.

Saler très légèrement et poivrer.

Faire cuire, sans couvrir, pendant 6 minutes, tout en remuant la sauce avec un fouet à toutes les deux minutes.

Sauce aux champignons

(pour 4 personnes)
Avec le boeuf et le veau

Réglage: FORT
Temps de cuisson: 11 minutes
Contenant: plat micro-ondes rond de 2 litres

5 mL	(1 c. à thé) de beurre
30 mL	(2 c. à soupe) d'oignon haché
227 g	(½ lb) de champignons frais, lavés et émincés
375 mL	(1½ tasse) de bouillon de boeuf chaud
15 mL	(1 c. à soupe) de sauce soya
15 mL	(1 c. à soupe) de pâte de tomates
45 mL	(3 c. à soupe) de fécule de maïs
60 mL	(4 c. à soupe) d'eau froide
	une pincée d'estragon
	une pincée de thym
	quelques gouttes de sauce Tabasco
	quelques gouttes de jus de citron
	sel et poivre

Mettre le beurre, les oignons et les champignons dans le plat; saler, poivrer et ajouter quelques gouttes de jus de citron.

Couvrir avec une pellicule de plastique et faire cuire pendant 4 minutes.

Retirer le plat du four et bien mélanger.

Ajouter le bouillon de boeuf, la sauce soya, la pâte de tomates et les épices; mélanger le tout.

Délayer la fécule de maïs dans l'eau froide et incorporer ce mélange à la sauce; mélanger de nouveau avec le fouet.

Faire cuire, sans couvrir, pendant 7 minutes, tout en remuant la sauce à toutes les deux minutes.

Corriger l'assaisonnement. Servir.

Sauce au poivre vert

(pour 4 personnes)
Avec les entrecôtes, le veau et le poulet

Réglage: FORT
Temps de cuisson: 9 minutes
Contenant: plat micro-ondes rond de 2 litres

5 mL	(1 c. à thé) de beurre
2	échalotes sèches, hachées
30 mL	(2 c. à soupe) de grains de poivre vert, écrasés
375 mL	(1½ tasse) de bouillon de boeuf chaud
15 mL	(1 c. à soupe) de sauce soya
15 mL	(1 c. à soupe) de pâte de tomates
45 mL	(3 c. à soupe) de fécule de maïs
60 mL	(4 c. à soupe) d'eau froide
15 mL	(1 c. à soupe) de persil haché
30 mL	(2 c. à soupe) de crème à 35%
	sel

Mettre le beurre, les échalotes et le poivre vert écrasé dans le plat; couvrir et faire cuire 2 minutes.

Retirer du four. Mélanger le tout et ajouter le bouillon de boeuf, la sauce soya et la pâte de tomates; bien mélanger de nouveau.

Assaisonner légèrement.

Délayer la fécule de maïs dans l'eau froide et incorporer ce mélange à la sauce.

Faire cuire, sans couvrir, pendant 7 minutes, tout en remuant la sauce avec un fouet à toutes les deux minutes.

Deux minutes avant la fin de la cuisson, ajouter la crème et le persil; mélanger le tout. Servir.

Sauce tomate

(pour 4 personnes)
Avec les viandes et les escalopes de veau

Réglage: FORT
Temps de cuisson: 11 minutes
Contenant: plat micro-ondes rond de 2 litres

5 mL	(1 c. à thé) de beurre
1	oignon, haché
1	gousse d'ail, écrasée et hachée
2	tomates, coupées en dés
45 mL	(3 c. à soupe) de pâte de tomates
15 mL	(1 c. à soupe) de sauce soya
375 mL	(1½ tasse) de bouillon de boeuf chaud
30 mL	(2 c. à soupe) de fécule de maïs
45 mL	(3 c. à soupe) d'eau froide
1 mL	(¼ c. à thé) de basilic
1 mL	(¼ c. à thé) de thym
	sel et poivre

Mettre le beurre, les oignons, l'ail et les tomates dans le plat; couvrir avec une pellicule de plastique et faire cuire pendant 4 minutes.

Retirer le plat du four et mélanger le tout.

Ajouter la pâte de tomates, la sauce soya et le bouillon de boeuf; mélanger de nouveau.

Assaisonner légèrement.

Délayer la fécule de maïs dans l'eau froide et incorporer ce mélange à la sauce; ajouter les épices.

Faire cuire au four, sans couvrir, pendant 7 minutes tout en remuant à toutes les deux minutes. Servir.

Sauce blanche

(pour 4 personnes)

Réglage: FORT
Temps de cuisson: 7 minutes
Contenant: bol ou plat micro-ondes de 2 litres

45 mL	(3 c. à soupe) de beurre
15 mL	(1 c. à soupe) d'oignon haché
15 mL	(1 c. à soupe) de persil haché
52 mL	(3½ c. à soupe) de farine
500 mL	(2 tasses) de lait
	une pincée de muscade
	sel et poivre

Mettre le beurre, les oignons et le persil dans le bol ou le plat; couvrir avec une pellicule de plastique et faire cuire pendant 1 minute.

Ajouter la farine; mélanger le tout avec un fouet de cuisine.

Incorporer le lait lentement tout en remuant avec le fouet; saler, poivrer et ajouter la muscade.

Faire cuire, sans couvrir, pendant 6 minutes, tout en remuant bien la sauce à toutes les minutes. Servir.

Sauce bordelaise

(pour 4 personnes)
Avec les filets mignons et les entrecôtes

Réglage: FORT
Temps de cuisson: 9 minutes
Contenant: plat micro-ondes rond de 2 litres

5	(1 c. à thé) de beurre
2	échalotes sèches, hachées
1	pointe d'ail
250 mL	(1 tasse) de vin rouge sec, préalablement réduit des trois quarts sur un élément de la cuisinière
15 mL	(1 c. à soupe) de persil haché
375 mL	(1½ tasse) de bouillon de boeuf chaud
15 mL	(1 c. à soupe) de sauce soya
15 mL	(1 c. à soupe) de pâte de tomates
45 mL	(3 c. à soupe) de fécule de maïs
60 mL	(4 c. à soupe) d'eau froide
	une pincée de thym
	une pincée d'estragon
	sel et poivre

Mettre le beurre, les échalotes et l'ail dans le plat; couvrir avec une pellicule de plastique et faire cuire pendant 2 minutes.

Retirer le plat du four et mélanger le tout.

Ajouter le vin rouge, le bouillon de boeuf, la sauce soya, le persil, la pâte de tomates et les épices; saler, poivrer et mélanger de nouveau.

Délayer la fécule de maïs dans l'eau froide et incorporer ce mélange à la sauce.

Faire cuire au four, sans couvrir, pendant 7 minutes, tout en remuant la sauce avec un fouet à toutes les deux minutes.

Assaisonner au goût. Servir.

Sauce brune

(pour 4 personnes)
Sauce de base

Réglage: FORT
Temps de cuisson: 9 minutes
Contenant: plat micro-ondes rond de 2 litres

5 mL	(1 c. à thé) de beurre
30 mL	(2 c. à soupe) d'oignon haché
1	petite gousse d'ail, écrasée et hachée
375 mL	(1½ tasse) de bouillon de boeuf chaud
15 mL	(1 c. à soupe) de sauce soya
15 mL	(1 c. à soupe) de pâte de tomates
30 mL	(2 c. à soupe) de fécule de maïs
45 mL	(3 c. à soupe) d'eau froide
	une pincée de thym
	une pincée d'origan
	sel et poivre

Mettre le beurre, les oignons et l'ail dans le plat; couvrir avec une pellicule de plastique et faire cuire pendant 3 minutes.

Retirer le plat du four; saler, poivrer et bien mélanger le tout.

Ajouter tous les autres ingrédients et assaisonner au goût.

Faire cuire, sans couvrir, pendant 6 minutes, tout en remuant la sauce avec un fouet à toutes les deux minutes.

Passer la sauce au tamis; assaisonner au goût. Servir.

Technique

1 Mettre les oignons, le beurre et l'ail dans le plat; couvrir avec une pellicule de plastique; faire cuire pendant 3 minutes.

4 On peut aussi forcer les légumes à travers le tamis à l'aide d'un pilon.

2 Ajouter le reste des ingrédients ; faire cuire, sans
couvrir, pendant 6 minutes.

3 Passer la sauce au tamis.

5 Produit fini. La sauce a été épaissie à la fécule
de maïs.

Sauce chasseur

(pour 4 personnes)
Avec le poulet, les côtes de veau et les côtes de porc

Réglage: FORT
Temps de cuisson: 11 minutes
Contenant: plat micro-ondes rond de 2 litres

5 mL	(1 c. à thé) de beurre
2	échalotes sèches, hachées
114 g	(¼ lb) de champignons frais, lavés et émincés
250 mL	(1 tasse) de vin blanc sec, préalablement réduit des trois quarts sur un élément de la cuisinière
375 mL	(1½ tasse) de bouillon de boeuf chaud
15 mL	(1 c. à soupe) de sauce soya
15 mL	(1 c. à soupe) de pâte de tomates
45 mL	(3 c. à soupe) de fécule de maïs
60 mL	(4 c. à soupe) d'eau froide
	sel et poivre

Garniture

15 mL	(1 c. à soupe) de persil haché
15 mL	(1 c. à soupe) de ciboulette hachée (facultatif)

Mettre le beurre, les échalotes et les champignons dans le plat.

Saler et poivrer; couvrir avec une pellicule de plastique et faire cuire pendant 4 minutes.

Retirer le plat du four et mélanger le tout.

Ajouter le vin, le bouillon de boeuf, la sauce soya et la pâte de tomates; bien incorporer le tout.

Délayer la fécule de maïs dans l'eau froide et incorporer à la sauce; faire cuire, sans couvrir, pendant 7 minutes, tout en remuant le mélange avec un fouet à toutes les deux minutes.

Retirer du four; ajouter la garniture. Servir.

Sauce duxelles

(pour 4 personnes)
Avec les poitrines de poulet, le veau et les filets de porc

Réglage: FORT
Temps de cuisson: 11 minutes
Contenant: plat micro-ondes rond de 2 litres

15 mL	(1 c. à soupe) de beurre
30 mL	(2 c. à soupe) d'oignon haché
114 g	(¼ livre) de champignons frais, hachés
15 mL	(1 c. à soupe) de persil haché
30 mL	(2 c. à soupe) de vin blanc sec
300 mL	(1¼ tasse) de bouillon de boeuf chaud
15 mL	(1 c. à soupe) de sauce soya
15 mL	(1 c. à soupe) de pâte de tomates
45 mL	(3 c. à soupe) de fécule de maïs
60 mL	(4 c. à soupe) d'eau froide
	sel et poivre

Mettre le beurre, les oignons, les champignons et le persil dans le plat; saler et poivrer; couvrir avec une pellicule de plastique et faire cuire pendant 4 minutes.

Retirer le plat du four et mélanger le tout.

Ajouter le vin blanc, le bouillon de boeuf, la sauce soya, la pâte de tomates et saler, poivrer; mélanger le tout.

Délayer la fécule de maïs dans l'eau froide et incorporer ce mélange à la sauce.

Faire cuire au four, sans couvrir, pendant 7 minutes, en ayant soin de remuer la sauce avec un fouet à toutes les deux minutes. Servir.

Sauce lyonnaise

(pour 4 personnes)
Avec le poulet, le boeuf, le veau, etc.

Réglage: FORT
Temps de cuisson: 13 minutes
Contenant: plat micro-ondes rond de 2 litres

15 mL	(1 c. à soupe) de beurre
1	oignon d'Espagne, émincé
30 mL	(2 c. à soupe) de sauce soya
15 mL	(1 c. à soupe) de persil haché
375 mL	(1½ tasse) de bouillon de boeuf chaud
15 mL	(1 c. à soupe) de pâte de tomates
5 mL	(1 c. à thé) de sauce Worcestershire
30 mL	(2 c. à soupe) de fécule de maïs
45 mL	(3 c. à soupe) d'eau froide
	sel et poivre

Mettre le beurre, les oignons, 15 mL (1 c. à soupe) de sauce soya et le persil dans le plat.

Saler et poivrer; couvrir avec une pellicule de plastique et faire cuire pendant 6 minutes.

Retirer le plat du four et mélanger le tout.

Ajouter le bouillon de boeuf, la pâte de tomates et la sauce Worcestershire; bien incorporer le tout.

Délayer la fécule de maïs dans l'eau froide et incorporer ce mélange à la sauce.

Ajouter le reste de la sauce soya et assaisonner au goût.

Faire cuire au four, sans couvrir, pendant 7 minutes, tout en remuant la sauce avec un fouet à toutes les deux minutes.

Passer la sauce au tamis. Servir.

Sauce Mornay*

(pour 4 personnes)

Réglage: FORT
Temps de cuisson: 8 minutes
Contenant: bol ou plat micro-ondes de 2 litres

45 mL	(3 c. à soupe) de beurre
15 mL	(1 c. à soupe) d'oignon haché
15 mL	(1 c. à soupe) de persil haché
52 mL	(3½ c. à soupe) de farine
500 mL	(2 tasses) de lait
125 mL	(½ tasse) de fromage mozzarella râpé
1	jaune d'oeuf
30 mL	(2 c. à soupe) de crème à 35%
	une pincée de muscade
	sel et poivre

Mettre le beurre, les oignons et le persil dans le bol ou le plat; couvrir avec une pellicule de plastique et faire cuire pendant 1 minute.

Ajouter la farine; mélanger le tout avec un fouet de cuisine.

Incorporer le lait lentement tout en remuant avec le fouet; saler, poivrer et ajouter la muscade.

Faire cuire, sans couvrir, pendant 6 minutes, tout en remuant bien la sauce après chaque minute de cuisson; mettre de côté.

Mettre le jaune d'oeuf dans un bol; ajouter la crème et mélanger le tout; incorporer ce mélange à la sauce blanche.

Ajouter le fromage râpé. Corriger l'assaisonnement.

Faire cuire au four pendant 30 secondes.

* Pour: crêpes, asperges, endives, brocoli, poireaux, oeufs pochés, champignons, poissons, poulet, etc.

Sauce piquante

(pour 4 personnes)
Avec le boeuf, le porc et les poitrines de poulet

Réglage: FORT
Temps de cuisson: 8 minutes
Contenant: plat micro-ondes rond de 2 litres

5 mL	(1 c. à thé) de beurre
3	échalotes sèches, hachées
250 mL	(1 tasse) de vin blanc sec, préalablement réduit de moitié sur un élément de la cuisinière
125 mL	(½ tasse) de vinaigre de vin, préalablement réduit des trois quarts sur un élément de la cuisinière
250 mL	(1 tasse) de bouillon de boeuf chaud
15 mL	(1 c. à soupe) de sauce soya
15 mL	(1 c. à soupe) de pâte de tomates
30 mL	(2 c. à soupe) de fécule de maïs
45 mL	(3 c. à soupe) d'eau froide
2	cornichons, finement hachés
15 mL	(1 c. à soupe) de persil haché
15 mL	(1 c. à soupe) d'estragon haché
	sel et poivre

Mettre le beurre et les échalotes dans le plat; couvrir avec une pellicule de plastique et faire cuire pendant 2 minutes.

Retirer le plat du four et mélanger le tout avec une cuillère en bois.

Ajouter le vin blanc, le vinaigre, le bouillon de boeuf, la sauce soya et la pâte de tomates; mélanger de nouveau avec un fouet.

Assaisonner au goût.

Délayer la fécule de maïs dans l'eau froide et incorporer ce mélange à la sauce.

Faire cuire au four, sans couvrir, pendant 6 minutes, tout en remuant la sauce avec un fouet à toutes les deux minutes.

Retirer du four. Ajouter les cornichons, le persil et l'estragon. Servir.

Sauce poisson

Réglage: FORT
Temps de cuisson: 10 minutes
Contenant: plat micro-ondes de 2 litres

60 mL	(4 c. à soupe) de beurre
2	échalotes, hachées
60 mL	(4 c. à soupe) de farine
500 mL	(2 tasses) de fond de poisson chaud
50 mL	(¼ tasse) de crème de table à 18%
	sel et poivre

Mettre le beurre et les échalotes dans le plat.

Couvrir avec une pellicule de plastique; faire cuire 2 minutes.

Ajouter la farine en mélangeant bien entre chaque cuillerée.

Incorporer le fond de poisson tout en mélangeant avec un fouet de cuisine.

Faire cuire, sans couvrir, pendant 4 minutes, tout en remuant à toutes les minutes.

Assaisonner au goût.

Remettre au four et continuer la cuisson pendant 3 minutes.

Ajouter la crème, remuer et faire cuire 1 minute.

Servir avec filet de sole, homard, crevettes, turbot, pétoncles, etc.

Sauce portugaise

(pour 4 personnes)
Avec le poulet, le porc ou les pâtes

Réglage: FORT
Temps de cuisson: 17 minutes
Contenant: plat micro-ondes rond de 2 litres

5 mL	(1 c. à thé) d'huile d'olive
1	oignon, haché
1	gousse d'ail, écrasée et hachée
3	tomates, hachées
30 mL	(2 c. à soupe) de pâte de tomates
375 mL	(1½ tasse) de bouillon de boeuf chaud
15 mL	(1 c. à soupe) de sauce soya
15 mL	(1 c. à soupe) de persil haché
45 mL	(3 c. à soupe) de fécule de maïs
45 mL	(3 c. à soupe) d'eau froide
	une pincée d'origan
	une pincée de sucre
	quelques gouttes de sauce Tabasco
	sel et poivre

Mettre l'huile, les oignons, l'ail et les tomates dans le plat; saler, poivrer et couvrir avec une pellicule de plastique; faire cuire pendant 7 minutes.

Retirer le plat du four et remuer le mélange avec un fouet.

Ajouter la pâte de tomates, le bouillon de boeuf, la sauce soya, le sucre, le persil et l'origan; assaisonner le tout de sauce Tabasco.

Délayer la fécule de maïs dans l'eau froide et incorporer à la sauce; faire cuire, sans couvrir, pendant 10 minutes, tout en remuant la sauce à toutes les deux minutes.

Note: pour une sauce plus onctueuse, passer la sauce au moulin à légumes.

Crème d'asperges

(pour 4 personnes)

Réglage: FORT
Temps de cuisson: 24 minutes
Contenant: plat micro-ondes rond de 2 litres

454 g	(1 lb) de pieds d'asperges, lavés
50 mL	(¼ tasse) d'eau
15 mL	(1 c. à soupe) de beurre
750 mL	(3 tasses) de bouillon de poulet chaud
60 mL	(4 c. à soupe) de farine
30 mL	(2 c. à soupe) de crème à 35%
	sel et poivre
	pointes d'asperges, coupées en dés, pour la présentation

Faire bouillir l'eau dans le plat.

Placer les pieds d'asperges dans l'eau bouillante; saler et ajouter le beurre.

Couvrir avec une pellicule de plastique et faire cuire pendant 7 minutes.

Tourner le plat d'un demi-tour; continuer la cuisson pendant 7 minutes.

Ajouter la farine en remuant après l'addition de chaque cuillerée.

Mélanger le tout; faire cuire, sans couvrir, pendant 2 minutes.

Ajouter le bouillon de poulet chaud; bien remuer avec un fouet; faire cuire, sans couvrir, pendant 4 minutes.

Remuer le tout et continuer la cuisson pendant 4 minutes.

Passer le mélange au moulin à légumes en utilisant la grosse grille.

Ajouter la crème à la purée, mélanger et assaisonner au goût.

Garnir avec des pointes d'asperges avant de servir.

Crème de légumes

(pour 4 personnes)

Réglage : FORT
Temps de cuisson : 24 minutes
Contenant : plat micro-ondes rond de 2 litres

½	concombre pelé, évidé et coupé en dés
2	grosses pommes de terre, pelées et coupées en dés
1	branche de céleri, coupée en dés
1	piment vert, coupé en dés
2	carottes, coupées en dés
125 mL	(½ tasse) d'eau
750 mL	(3 tasses) de bouillon de poulet chaud
5 mL	(1 c. à thé) de beurre
1 mL	(¼ c. à thé) de thym
2 mL	(½ c. à thé) d'origan
	quelques piments rouges broyés
	sel et poivre

Mettre les pommes de terre dans le plat; saler et ajouter l'eau.

Couvrir avec une pellicule de plastique; faire cuire pendant 6 minutes.

Mélanger le tout. Ajouter les carottes, le céleri, le beurre et les épices.

Couvrir et faire cuire 6 minutes.

Ajouter les concombres, les piments verts et le bouillon de poulet chaud; corriger l'assaisonnement.

Faire cuire, sans couvrir, pendant 12 minutes.

Retirer les légumes et les mettre en purée dans un robot-coupe ou un blender.

Verser la purée dans un bol; ajouter le liquide de cuisson et remuer le tout.

Assaisonner au goût. Servir.

Crème de champignons

(pour 4 personnes)

Réglage : FORT
Temps de cuisson : 20 minutes
Contenant : plat micro-ondes rond de 2 litres

454 g	(1 lb) de champignons, lavés et émincés
45 mL	(3 c. à soupe) d'oignon haché
125 mL	(½ tasse) d'eau
15 mL	(1 c. à soupe) de beurre
60 mL	(4 c. à soupe) de farine
500 mL	(2 tasses) de bouillon de poulet chaud
30 mL	(2 c. à soupe) de crème à 35%
	quelques gouttes de jus de citron
	persil haché
	sel et poivre

Mettre les champignons, les oignons, l'eau, le beurre et le jus de citron dans le plat. Saler et poivrer.

Couvrir avec une pellicule de plastique; faire cuire 5 minutes.

Tourner le plat d'un demi-tour; continuer la cuisson pendant 5 minutes.

Ajouter la farine tout en mélangeant après l'addition de chaque cuillerée.

Faire cuire, sans couvrir, pendant 2 minutes.

Ajouter le bouillon de poulet; faire cuire 4 minutes.

Remuer le tout et continuer la cuisson pendant 4 minutes.

Mélanger rapidement.

Ajouter la crème, mélanger et assaisonner au goût.

Parsemer de persil haché. Servir.

Crème d'endives et de pommes de terre

(pour 4 personnes)

Réglage: FORT
Temps de cuisson: 21 minutes
Contenant: plat micro-ondes rond de 2 litres

3	endives lavées, coupées en 4 et émincées
30 mL	(2 c. à soupe) d'oignon haché
2	pommes de terre, pelées et émincées
15 mL	(1 c. à soupe) de beurre
5 mL	(1 c. à thé) de persil haché
875 mL	(3½ tasses) de bouillon de poulet chaud
30 mL	(2 c. à soupe) de crème à 35%
125 mL	(½ tasse) de croûtons
	ciboulette hachée
	sel et poivre

Mettre le beurre et les oignons dans le plat.

Couvrir avec une pellicule de plastique; faire cuire 3 minutes.

Remuer le tout. Ajouter les endives et les pommes de terre; saler, poivrer et ajouter les épices.

Couvrir et faire cuire 8 minutes.

Ajouter le bouillon de poulet; assaisonner au goût.

Faire cuire, sans couvrir, pendant 10 minutes.

Passer la soupe au tamis; réserver le bouillon et mettre les légumes en purée dans un robot-coupe.

Transvider la purée de légumes dans le bol contenant le bouillon.

Ajouter la crème; mélanger et parsemer le tout de ciboulette.

Garnir de croûtons. Servir.

Crème d'épinards

(pour 4 personnes)

Réglage: FORT
Temps de cuisson: 14 minutes
Contenant: plat micro-ondes rond de 2 litres

2	paquets d'épinards frais, lavés à grande eau
1	gousse d'ail, écrasée et hachée
15 mL	(1 c. à soupe) de beurre
60 mL	(4 c. à soupe) de farine
1 mL	(¼ c. à thé) de muscade
500 mL	(2 tasses) de bouillon de poulet chaud
60 mL	(4 c. à soupe) de crème à 35%
	quelques gouttes de jus de citron
	sel et poivre
	une pincée de sucre

Mettre les épinards, l'ail et le beurre dans le plat.

Bien presser les épinards avec les mains; saler, poivrer et arroser de jus de citron.

Couvrir avec une pellicule de plastique; faire cuire 6 minutes.

Retirer les épinards et laisser le liquide de cuisson dans le fond du plat.

Hacher les épinards et les remettre dans le plat contenant le liquide.

Ajouter la farine tout en mélangeant après l'addition de chaque cuillerée.

Ajouter le sucre et la muscade; saler, poivrer. Bien racler les parois du bol à l'aide d'une spatule.

Faire cuire, sans couvrir, pendant 3 minutes.

Ajouter le bouillon de poulet chaud; brasser et faire cuire, sans couvrir, pendant 5 minutes.

Verser le tout dans un blender. Mettre en purée et corriger l'assaisonnement.

Ajouter la crème. Servir.

Soupe à l'oignon

Soupe à l'oignon

(pour 4 personnes)

Réglage: FORT
Temps de cuisson: 25 minutes dans le micro-ondes
Contenant: plat micro-ondes de 2 litres

4	gros oignons, pelés et finement émincés
15 mL	(1 c. à soupe) de beurre
15 mL	(1 c. à soupe) de persil haché
2 mL	(½ c. à thé) d'origan
1	feuille de laurier
5 mL	(1 c. à thé) de sauce soya
5 mL	(1 c. à thé) de sirop d'érable
1 L	(4 tasses) de bouillon de boeuf chaud
30 mL	(2 c. à soupe) de cognac
75 mL	(¾ tasse) de fromage gruyère râpé
4	tranches de pain français, grillées
	sel et poivre

Préchauffer le four ordinaire à gril (broil).

Mettre les oignons dans le plat. Ajouter le beurre, les épices et la feuille de laurier.

Ajouter la sauce soya et le sirop d'érable.

Corriger l'assaisonnement.

Couvrir avec une pellicule de plastique; faire cuire pendant 15 minutes dans le micro-ondes.

Remuer les oignons; ajouter le cognac et le bouillon de boeuf; mélanger de nouveau.

Faire cuire, sans couvrir, pendant 10 minutes; retirer le plat du micro-ondes.

Verser la soupe dans des bols; placer un morceau de pain grillé sur chacun et recouvrir le tout de fromage râpé.

Placer au four ordinaire (broil), pendant 6 ou 7 minutes. Servir.

Technique

Mettre les oignons, le beurre, les épices et la feuille de laurier dans un plat.

2 Ajouter la sauce soya et le sirop d'érable. Ce mélange brunira les oignons.

→

Technique de la soupe à l'oignon (suite)

3   Voici les oignons cuits.

4   Ajouter le cognac.

5   Ajouter le bouillon de boeuf chaud.

6   Verser la soupe dans les bols ; ajouter le pain grillé et le fromage râpé.

Crème Parmentier

(pour 4 personnes)

Réglage: FORT
Temps de cuisson: 24 minutes
Contenant: plat micro-ondes rond de 2 litres

3	pommes de terre, pelées et émincées
1	petit oignon, haché
15 mL	(1 c. à soupe) de beurre
15 mL	(1 c. à soupe) de persil haché
1 mL	(¼ c. à thé) d'origan
125 mL	(½ tasse) d'eau
500 mL	(2 tasses) de bouillon de poulet chaud
45 mL	(3 c. à soupe) de crème à 35%
	une pincée de thym
	sel et poivre

Mettre les oignons et le beurre dans le plat.

Couvrir avec une pellicule de plastique; faire cuire 2 minutes.

Ajouter les pommes de terre émincées, le persil, le thym et l'origan; saler, poivrer et mélanger le tout.

Ajouter l'eau; couvrir avec une pellicule de plastique et faire cuire pendant 5 minutes.

Remuer et continuer la cuisson pendant 5 minutes.

Ajouter le bouillon de poulet; faire cuire 6 minutes.

Remuer et continuer la cuisson pendant 6 minutes.

Passer le tout au moulin à légumes.

Mélanger la purée avec un fouet; ajouter la crème et mélanger de nouveau.

Garnir de ciboulette hachée.

Servir chaud ou froid.

Crème de tomates

(pour 4 personnes)

Réglage: FORT
Temps de cuisson: 16 minutes
Contenant: plat micro-ondes rond de 2 litres

5 mL	(1 c. à thé) de beurre
1	oignon, haché
1	gousse d'ail, écrasée et hachée
1	boîte de tomates de 796 mL (28 oz), égouttées et hachées
30 mL	(2 c. à soupe) de farine
5 mL	(1 c. à thé) de sucre
500 mL	(2 tasses) de bouillon de poulet chaud
45 mL	(3 c. à soupe) de pâte de tomates
30 mL	(2 c. à soupe) de crème à 35%
2 mL	(½ c. à thé) de basilic
1 mL	(¼ c. à thé) d'origan
	quelques piments rouges broyés
	une pincée de clou de girofle
	quelques gouttes de sauce Tabasco
	sel et poivre

Mettre le beurre, les oignons et l'ail dans le plat; couvrir avec une pellicule de plastique; faire cuire 2 minutes.

Ajouter les tomates; mélanger le tout et ajouter la pâte de tomates.

Mélanger de nouveau; saler et poivrer.

Ajouter le sucre et les épices; couvrir et faire cuire 4 minutes.

Ajouter la farine; bien incorporer le tout.

Ajouter le bouillon de poulet chaud; faire cuire, sans couvrir, pendant 10 minutes.

Passer le mélange au moulin à légumes; corriger l'assaisonnement.

Ajouter la crème. Servir.

Crème de brocoli

(pour 4 personnes)

Réglage : FORT
Temps de cuisson : 24 minutes
Contenant : plat micro-ondes rond de 2 litres

15 mL	(1 c. à soupe) de beurre
1	petit oignon, haché
3	pommes de terre, pelées et émincées
1	tête de brocoli, lavée et coupée en fleurettes
15 mL	(1 c. à soupe) de persil haché
1 mL	(¼ c. à thé) d'origan
125 mL	(½ tasse) d'eau
500 mL	(2 tasses) de bouillon de poulet chaud
125 mL	(½ tasse) de crème à 35 %
	une pincée de thym
	sel et poivre

Mettre les oignons, le brocoli et le beurre dans le plat.

Couvrir avec une pellicule plastique ; faire cuire 2 minutes.

Ajouter les pommes de terre, le persil, le thym et l'origan. Saler, poivrer et mélanger le tout.

Ajouter l'eau ; couvrir avec une pellicule plastique et faire cuire pendant 5 minutes.

Remuer et continuer la cuisson pendant 5 minutes.

Ajouter le bouillon de poulet ; faire cuire 6 minutes.

Remuer et continuer la cuisson pendant 6 minutes.

Passer le tout au moulin à légumes.

Mélanger la purée avec un fouet ; ajouter la crème et remuer.

Réfrigérer pendant 6 heures. Servir.

Crème de carottes

(pour 4 personnes)

Réglage : FORT
Temps de cuisson : 24 minutes
Contenant : plat micro-ondes rond de 2 litres

15 mL	(1 c. à soupe) de beurre
1	petit oignon, haché
3	carottes pelées et émincées
2	pommes de terre, pelées et émincées
15 mL	(1 c. à soupe) de persil haché
1 mL	(¼ c. à thé) d'origan
125 mL	(½ tasse) d'eau
500 mL	(2 tasses) de bouillon de poulet chaud
125 mL	(½ tasse) de crème à 35 %
	une pincée de thym
	sel et poivre

Mettre les oignons, les carottes et le beurre dans le plat.

Couvrir avec une pellicule plastique ; faire cuire 2 minutes.

Ajouter les pommes de terre, le persil, le thym et l'origan ; saler, poivrer et mélanger le tout.

Ajouter l'eau ; couvrir avec une pellicule plastique et faire cuire pendant 5 minutes.

Remuer et continuer la cuisson pendant 5 minutes.

Ajouter le bouillon de poulet ; faire cuire 6 minutes.

Remuer et continuer la cuisson pendant 6 minutes.

Passer le tout au moulin à légumes.

Mélanger la purée avec un fouet ; ajouter la crème et remuer.

Réfrigérer pendant 6 heures. Servir.

Soupe chinoise

(pour 4 personnes)

Réglage: FORT
Temps de cuisson: 10 minutes
Contenant: plat micro-ondes rond de 2 litres

2	nids de nouilles chinoises
500 mL	(2 tasses) d'eau
15 mL	(1 c. à soupe) d'huile
1	piment banane, émincé
4	feuilles de chou chinois, émincées
3	oignons verts, émincés
1	branche de céleri, émincée
125 mL	(½ tasse) de bouillon de poulet chaud
750 mL	(3 tasses) de bouillon de poulet chaud
5 mL	(1 c. à thé) de sauce soya
	sel et poivre

Mettre les nouilles, l'eau et le sel dans le plat.
Couvrir avec une pellicule de plastique; faire cuire 4 minutes.

Remuer les nouilles pour les défaire; couvrir et continuer la cuisson pendant 1 minute.

Retirer et placer les nouilles sous l'eau froide.

Mettre dans un plat l'huile, les piments, les feuilles de chou chinois, les oignons verts et le céleri; saler, poivrer.

Ajouter 125 mL (½ tasse) de bouillon de poulet; couvrir; faire cuire 5 minutes.

Placer les légumes cuits dans une soupière.

Ajouter 750 mL (3 tasses) de bouillon de poulet chaud, la sauce soya et les nouilles chinoises égouttées.* Servir.

* Passer les nouilles sous l'eau chaude avant de les mettre dans la soupière.

Vichyssoise

(pour 4 personnes)

Réglage: FORT
Temps de cuisson: 24 minutes
Contenant: plat micro-ondes rond de 2 litres

3	pommes de terre, pelées et émincées
1	petit oignon, haché
15 mL	(1 c. à soupe) de beurre
15 mL	(1 c. à soupe) de persil haché
2	poireaux (le blanc seulement), lavés et émincés
1 mL	(¼ c. à thé) d'origan
125 mL	(½ tasse) d'eau
500 mL	(2 tasses) de bouillon de poulet chaud
125 mL	(½ tasse) de crème à 35%
	une pincée de thym
	sel et poivre

Mettre les oignons, les poireaux et le beurre dans le plat.
Couvrir avec une pellicule de plastique; faire cuire 2 minutes.
Ajouter les pommes de terre, le persil, le thym et l'origan. Saler, poivrer et mélanger le tout.
Ajouter l'eau; couvrir avec une pellicule de plastique et faire cuire pendant 5 minutes.
Remuer et continuer la cuisson pendant 5 minutes.
Ajouter le bouillon de poulet; faire cuire 6 minutes.
Remuer de nouveau et continuer la cuisson pendant 6 minutes.
Passer le tout au moulin à légumes.
Bien mélanger la purée avec un fouet; ajouter la crème et mélanger de nouveau.
Réfrigérer pendant 6 heures. Servir.

Oeufs
et crêpes

Crêpes à l'aubergine

Crêpes à l'aubergine

(pour 4 personnes)

Réglage : FORT
Temps de cuisson : 23 minutes
Contenant : plat micro-ondes de 2 litres

Préparation de la pâte à crêpes

250 mL	(1 tasse) de farine
4	oeufs
300 mL	(1¼ tasse) de liquide (moitié eau, moitié lait)
30 mL	(2 c. à soupe) d'huile végétale
	sel

Tamiser la farine et le sel dans un bol. Ajouter les oeufs et mélanger le tout avec un fouet de cuisine.

Ajouter la moitié du liquide ; mélanger de nouveau.

Ajouter le reste du liquide et l'huile ; mélanger et passer le tout au tamis.

Faire reposer la pâte pendant 1 heure au réfrigérateur avant de former les crêpes (si possible).

Pour former les crêpes : beurrer légèrement la poêle à crêpes et la faire chauffer.

Verser une petite louche de pâte dans la poêle et faire un mouvement de rotation avec le poignet de façon que la pâte couvre le fond.

Verser l'excès de pâte dans le bol.

Faire cuire les crêpes 1 ou 2 minutes de chaque côté.

Préparation de la garniture d'aubergine

1	aubergine, pelée et émincée
1	oignon, émincé
2	piments verts, émincés
1	courgette, émincée
45 mL	(3 c. à soupe) de pâte de tomates
1	gousse d'ail, écrasée et hachée
125 mL	(½ tasse) de fromage gruyère râpé
	sel et poivre

Mettre tous les légumes dans le plat. Ajouter l'ail, saler et poivrer.

Couvrir avec une pellicule de plastique ; faire cuire pendant 15 minutes.

Mélanger le tout. Ajouter la pâte de tomates et assaisonner au goût ; mélanger de nouveau.

Farcir les crêpes.

Rouler les crêpes et les placer dans un plat ; parsemer le tout de fromage râpé.

Couvrir et faire cuire au four micro-ondes pendant 8 minutes. Servir.

Technique

1 La pâte à crêpes ne doit pas être ni trop épaisse ni trop liquide.

→

Technique des crêpes à l'aubergine (suite)

2   Voici le mélange d'aubergine cuit.

3   Farcir les crêpes.

4   Parsemer de fromage râpé.

5   Rouler et placer les crêpes dans un plat ; couvrir avec une pellicule de plastique et faire cuire pendant 8 minutes.

Oeufs brouillés aux champignons

(pour 2 personnes)

Réglage: FORT
Temps de cuisson: 7 minutes
Contenants: pour les oeufs: plat micro-ondes rond de 1 litre
pour les champignons: plat à tarte micro-ondes de 1,5 litre.

30 mL	(2 c. à soupe) de beurre
15 mL	(1 c. à soupe) de persil haché
2	échalotes, hachées
227 g	(½ lb) de champignons frais, lavés et coupés en dés
4	gros oeufs
	quelques gouttes de jus de citron
	sel et poivre
	pain français grillé

Mettre 15 mL (1 c. à soupe) de beurre dans le plat à tarte; ajouter les échalotes, les champignons et le persil; saler, poivrer et arroser le tout de jus de citron.

Couvrir avec une pellicule de plastique; faire cuire 3 minutes.

Remuer le mélange de champignons, l'égoutter et le mettre de côté.

Faire fondre 15 mL (1 c. à soupe) de beurre dans le plat rond.

Battre les oeufs dans un bol; saler, poivrer.

Verser les oeufs battus dans le plat contenant le beurre fondu; faire cuire 2 minutes.

Mélanger puis continuer la cuisson pendant 1½ minute.

Mélanger de nouveau rapidement.

Placer les oeufs brouillés sur des tranches de pain grillées.

Garnir le tout du mélange aux champignons. Servir.

Oeufs brouillés au cheddar

(pour 2 personnes)

Réglage: FORT
Temps de cuisson: 4 minutes
Contenant: plat micro-ondes rond de 1 litre

15 mL	(1 c. à soupe) de beurre
4	gros oeufs
30 mL	(2 c. à soupe) de lait
125 mL	(½ tasse) de fromage cheddar râpé
	pain français grillé
	sel et poivre

Faire fondre le beurre dans le plat.

Mettre les oeufs et le lait dans un bol; saler, poivrer et mélanger le tout avec une fourchette.

Verser les oeufs battus dans le beurre fondu; faire cuire 1½ minute.

Ajouter le fromage râpé et mélanger le tout; faire cuire 1 minute.

Remuer de nouveau; faire cuire 1 minute.

Servir sur du pain français grillé.

Oeufs au plat

(pour 3 personnes)

Réglage: FORT
Temps de cuisson: 4 minutes
Contenant: moule micro-ondes rond à muffins
Pour les personnes qui aiment les jaunes cuits

30 ml	(2 c. à soupe) de beurre
6	gros oeufs

Faire fondre un petit morceau de beurre dans chaque cavité du moule à muffins.

Placer un oeuf dans chaque cavité et, à l'aide d'un petit couteau, percer délicatement le jaune; faire cuire 2 minutes.

Tourner le plat d'un demi-tour; faire cuire 1 minute.

Tourner le plat de nouveau d'un demi-tour; prolonger la cuisson de 1 minute.

Dégager les oeufs avec la pointe d'un couteau.

Démouler les oeufs à l'aide d'une cuillère à soupe.

Servir avec du pain grillé, des saucisses et du bacon.

Crêpes au filet de sole

Crêpes au filet de sole

(pour 4 personnes)

Réglage: FORT
Temps de cuisson: 17 minutes
Contenant: plat micro-ondes de 2 litres

Préparation de la pâte à crêpes

250 mL	(1 tasse) de farine
4	oeufs
300 mL	(1 ¼ tasse) de liquide (moitié eau, moitié lait)
30 mL	(2 c. à soupe) d'huile végétale
	sel

Tamiser la farine et le sel dans un bol; incorporer les oeufs et mélanger le tout avec un fouet de cuisine.

Ajouter la moitié du liquide; mélanger de nouveau.

Ajouter le reste du liquide et l'huile. Mélanger et passer le tout au tamis.

Laisser reposer la pâte pendant 1 heure au réfrigérateur avant de former les crêpes (si possible).

Pour former les crêpes: beurrer légèrement la poêle à crêpes et la faire chauffer.

Verser une petite louche de pâte dans la poêle et faire un mouvement de rotation avec le poignet de façon que la pâte couvre le fond de la poêle.

Verser l'excès de pâte dans le bol.

Faire cuire les crêpes 1 ou 2 minutes de chaque côté.

Préparation de la garniture de filets de sole

5 mL	(1 c. à thé) de beurre
3	filets de sole, lavés et asséchés
2	queues de persil
20	champignons, émincés
1	échalote, émincée
250 mL	(1 tasse) d'eau froide
2	rondelles de citron
250 mL	(1 tasse) de crème à 18%, chaude
30 mL	(2 c. à soupe) de fécule de maïs
45 mL	(3 c. à soupe) d'eau froide
15 mL	(1 c. à soupe) de persil haché
	paprika
	sel et poivre

Mettre les filets de sole, le beurre, les queues de persil, les échalotes et les rondelles de citron dans le plat.

Ajouter les champignons et l'eau; saler et poivrer.

Couvrir avec une pellicule de plastique et faire cuire pendant 5 minutes.

Retirer le poisson et le mettre de côté.

Verser la crème chaude dans le jus de cuisson; parsemer le tout de persil haché.

Délayer la fécule de maïs dans l'eau froide et incorporer le mélange à la sauce.

Faire cuire, sans couvrir, pendant 8 minutes, tout en remuant la sauce avec un fouet de cuisine à toutes les deux minutes.

Défaire les filets de sole en gros morceaux et les incorporer délicatement à la sauce.

Farcir les crêpes, les rouler et les placer dans un autre plat. Recouvrir avec le reste de la sauce.

Faire cuire au micro-ondes, sans couvrir, pendant 4 minutes.

Saupoudrer de paprika et servir.

Technique

1   Mettre les filets de sole, les échalotes, le beurre, le persil et les rondelles de citron dans un plat.

→

Technique des crêpes au filet de sole (suite)

2   Ajouter les champignons.

3   Ajouter l'eau froide.

5   Ajouter la crème et le persil au liquide de cuisson.

6   Ajouter le mélange de fécule de maïs.

4 Retirer les filets de sole après 5 minutes de cuisson ; mettre de côté.

Omelette aux crevettes
(pour 2 personnes)

Réglage : FORT
Temps de cuisson : 12 minutes
Contenant : plat à tarte micro-ondes de 1,5 litre

7	champignons frais, lavés et émincés
1	échalote, hachée
8	crevettes, décortiquées et entières
15 mL	(1 c. à soupe) de beurre
2 mL	(½ c. à thé) de farine
45 mL	(3 c. à soupe) de crème à 35%
4	oeufs battus
	quelques gouttes de jus de citron
	sel et poivre

Mettre le beurre, les échalotes, les champignons et les crevettes dans le plat à tarte ; saler, poivrer et arroser le tout de jus de citron.

Couvrir avec une pellicule de plastique ; faire cuire 2 minutes.

Saupoudrer de farine et mélanger le tout.

Ajouter la crème ; faire cuire, sans couvrir, pendant 2 minutes.

Ajouter les oeufs battus ; bien mélanger et faire cuire pendant 4 minutes.

Remuer délicatement l'omelette.

Prolonger la cuisson de 2½ minutes.

Plier délicatement l'omelette.

Prolonger la cuisson de 50 secondes. Servir.

7 Remettre les morceaux de poisson dans la sauce.

Omelette aux asperges

(pour 2 personnes)

Réglage : FORT
Temps de cuisson : 5 minutes
Contenant : plat à tarte micro-ondes de 1,5 litre

22 mL	(1½ c. à soupe) de beurre	
4	oeufs	
30 mL	(2 c. à soupe) de lait	
6	asperges, cuites et coupées en dés	
1	échalote, hachée	
2 mL	(½ c. à thé) de poudre de cari	
5 mL	(1 c. à thé) de beurre	
	sel et poivre	

Mettre 5 mL (1 c. à thé) de beurre dans le plat à tarte; ajouter les asperges, les échalotes et la poudre de cari.

Couvrir avec une pellicule de plastique; faire cuire 1 minute.

Verser le tout dans un bol. Mettre de côté.

Faire fondre le reste du beurre dans le plat à tarte.

Mettre les oeufs et le lait dans un bol; saler, poivrer et mélanger le tout avec une fourchette.

Verser les oeufs battus dans le beurre fondu; faire cuire, sans couvrir, pendant 2 minutes.

Remuer délicatement le centre de l'omelette. Ajouter la garniture d'asperges; faire cuire pendant 1½ minute.

À l'aide d'une spatule, plier délicatement l'omelette (le centre de l'omelette restera un peu «baveux»).

Remettre au four et prolonger la cuisson de 30 secondes.

À l'aide d'une spatule, faire glisser l'omelette sur une assiette. Servir.

Omelette au fromage cheddar

(pour 2 personnes)

Réglage : FORT
Temps de cuisson : 4 minutes
Contenant : plat à tarte micro-ondes de 1,5 litre

22 mL	(1½ c. à soupe) de beurre	
4	oeufs	
30 mL	(2 c. à soupe) de lait	
45 mL	(3 c. à soupe) de fromage cheddar râpé	
	sel et poivre	

Faire fondre le beurre dans le plat à tarte.

Mettre les oeufs et le lait dans un bol; saler, poivrer et mélanger le tout avec une fourchette.

Verser les oeufs battus dans le beurre fondu; faire cuire, sans couvrir, pendant 2 minutes.

Remuer délicatement le centre de l'omelette. Ajouter 30 mL (2 c. à soupe) de fromage râpé; faire cuire pendant 1½ minute.

À l'aide d'une spatule, plier délicatement l'omelette (le centre de l'omelette restera un peu «baveux»).

Parsemer le tout de fromage râpé et prolonger la cuisson de 30 secondes.

À l'aide d'une spatule, faire glisser l'omelette sur une assiette. Servir.

Omelette à l'aubergine

(pour 2 personnes)

Réglage: FORT
Temps de cuisson: 12 minutes
Contenant: plat à tarte micro-ondes de 1,5 litres

15 mL	(1 c. à soupe) d'oignon rouge, haché
5 mL	(1 c. à thé) d'huile
¼	d'aubergine, pelée et coupée en dés
½	tomate, coupée en dés
1	gousse d'ail, écrasée et hachée
4	oeufs
30 mL	(2 c. à soupe) d'eau
	une pincée de basilic
	sel et poivre

Mettre les oignons et l'huile dans le plat à tarte.

Couvrir avec une pellicule de plastique; faire cuire 2 minutes.

Incorporer l'aubergine, l'ail et les tomates; saler, poivrer et ajouter le basilic.

Couvrir et faire cuire 4 minutes.

Mélanger le tout; faire cuire, sans couvrir, pendant 2 minutes.

Mettre les oeufs et l'eau dans un bol; saler, poivrer et mélanger avec une fourchette.

Verser les oeufs battus sur la garniture de légumes et mélanger le tout.

Faire cuire, sans couvrir, pendant 4 minutes. Servir.

Note: cette omelette se sert entière et non pliée.

Omelette aux tomates et au fromage

(pour 2 personnes)

Réglage: FORT
Temps de cuisson: 11 minutes
Contenant: plat à tarte micro-ondes de 1,5 litre

5 mL	(1 c. à thé) de beurre
15 mL	(1 c. à soupe) d'oignon haché
1	tomate, hachée
½	gousse d'ail, écrasée et hachée
30 mL	(2 c. à soupe) de fromage mozzarella râpé
5 mL	(1 c. à thé) de pâte de tomates
4	oeufs battus
	sel et poivre

Mettre le beurre et les oignons dans le plat à tarte.

Couvrir avec une pellicule de plastique; faire cuire 2 minutes.

Ajouter les tomates, l'ail et la pâte de tomates; saler, poivrer.

Couvrir et faire cuire 4 minutes.

Mélanger le tout avec un fouet pour bien incorporer les ingrédients.

Parsemer le mélange de 15 mL (1 c. à soupe) de fromage râpé.

Faire cuire, sans couvrir, pendant 1 minutes.

Verser les oeufs battus sur la garniture de tomates; faire cuire 3 minutes.

Parsemer l'omelette avec le reste du fromage râpé.

Faire cuire pendant 1 minute. Servir.

Note: cette omelette se sert entière et non pliée.

Omelette au piment et aux champignons

(pour 2 personnes)

Faire fondre 5 mL (1 c. à thé) de beurre dans le plat à tarte.

Ajouter les légumes et le jus de citron; saler et poivrer.

Couvrir avec une pellicule de plastique et faire cuire 4 minutes.

Verser le tout dans un bol; mettre de côté.

Faire fondre le reste du beurre dans le plat à tarte.

Mettre les oeufs et le lait dans un bol; saler, poivrer et mélanger le tout avec une fourchette.

Verser les oeufs battus dans le beurre fondu; faire cuire, sans couvrir, pendant 2 minutes.

Remuer délicatement le centre de l'omelette; ajouter les légumes; faire cuire pendant 1½ minute.

À l'aide d'une spatule, plier délicatement l'omelette (le centre de l'omelette restera un peu « baveux »).

Remettre au four et prolonger la cuisson de 30 secondes.

À l'aide d'une spatule, faire glisser l'omelette sur une assiette. Servir.

Réglage: FORT
Temps de cuisson: 8 minutes
Contenant: plat à tarte micro-ondes de 1,5 litre

5 mL	(1 c. à thé) de beurre
22 mL	(1½ c. à soupe) de beurre
½	piment banane, émincé
8	champignons, émincés
1	oignon vert, émincé
4	oeufs
30 mL	(2 c. à soupe) de lait
	quelques gouttes de jus de citron
	sel et poivre

3 Mettre les oeufs et le lait dans un bol et mélanger le tout avec une fourchette.

Technique de l'omelette au piment et aux champignons

1 Mettre le beurre et les légumes dans le plat à tarte; arroser le tout de jus de citron.

2 Couvrir avec une pellicule de plastique.

4 Verser les oeufs battus dans le beurre fondu.

5 Après 2 minutes de cuisson, mélanger les oeufs délicatement.

→

Technique de l'omelette au piment et aux champignons (suite)

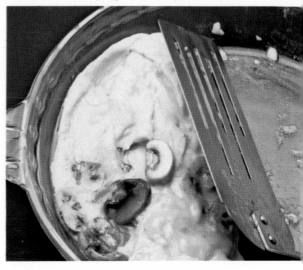

6 Ajouter les légumes.

7 À l'aide d'une spatule, plier l'omelette.

Omelette aux pommes de terre et aux oignons verts

(pour 2 personnes)

Réglage: FORT
Temps de cuisson: 7 minutes
Contenant: plat à tarte micro-ondes de 1,5 litre

22 mL	(1½ c. à soupe) de beurre
4	oeufs
30 mL	(2 c. à soupe) de lait
1	oignon vert, coupé en dés
1	tranche de bacon, coupée en dés
1	petite pomme de terre, coupée en petits dés
	sel et poivre

Mettre les oignons verts, le bacon et les pommes de terre dans le plat à tarte; poivrer.

Couvrir avec une pellicule de plastique; faire cuire 2½ minutes.

Verser le tout dans un bol. Mettre de côté.

Faire fondre le reste du beurre dans le plat à tarte.

Mettre les oeufs et le lait dans un bol; saler, poivrer et mélanger le tout avec une fourchette.

Verser les oeufs battus dans le beurre fondu; faire cuire, sans couvrir, pendant 2 minutes.

Remuer délicatement le centre de l'omelette; ajouter la garniture de pommes de terre; faire cuire pendant 1½ minute.

À l'aide d'une spatule, plier délicatement l'omelette (le centre de l'omelette restera un peu «baveux»).

Remettre au four et prolonger la cuisson de 30 secondes.

À l'aide d'une spatule, faire glisser l'omelette sur une assiette. Servir.

Omelette aux pommes de terre

(pour 2 personnes)

Réglage : FORT
Temps de cuisson : 6 minutes
Contenant : plat à tarte micro-ondes de 1,5 litre

2	petites pommes de terre cuites avec la peau, coupées en dés
15 mL	(1 c. à soupe) d'oignon rouge haché
2	tranches de bacon cuit, coupées en dés*
5 mL	(1 c. à thé) de persil haché
4	oeufs
5 mL	(1 c. à thé) de beurre
22 mL	(1½ c. à soupe) de beurre
30 mL	(2 c. à soupe) de lait
	sel et poivre

Mettre 5 mL (1 c. à thé) de beurre dans le plat à tarte ; ajouter les oignons et le persil ; poivrer.

Couvrir avec une pellicule de plastique et faire cuire 1 minute.

Ajouter les pommes de terre et le bacon ; prolonger la cuisson pendant 1 minute.

Verser le tout dans un bol. Mettre de côté.

Faire fondre le reste du beurre dans le plat à tarte.

Mettre les oeufs et le lait dans un bol ; saler, poivrer et mélanger le tout avec une fourchette.

Verser les oeufs battus dans le beurre fondu ; faire cuire, sans couvrir, pendant 2 minutes.

Remuer délicatement le centre de l'omelette ; ajouter la garniture de pommes de terre ; faire cuire pendant 1½ minute.

À l'aide d'une spatule, plier délicatement l'omelette (le centre de l'omelette restera un peu « baveux »).

Remettre au four et prolonger la cuisson de 30 secondes.

À l'aide d'une spatule, faire glisser l'omelette sur une assiette. Servir.

Viandes et volaille

Côtelettes de porc sauce bourguignonne

Côtelettes de porc, sauce bourguignonne

(pour 4 personnes)

Réglage : FORT et MOYEN-FORT
Temps de cuisson : 28 minutes dans le micro-ondes
Contenant : plat micro-ondes de 2 litres

Préparation des côtelettes de porc :

4	côtelettes de porc de 2 cm (¾ po) d'épaisseur, désossées
15 mL	(1 c. à soupe) de sirop d'érable
5 mL	(1 c. à thé) de sauce soya
	sel et poivre

Préchauffer le four ordinaire à gril (broil).

Mélanger la sauce soya et le sirop d'érable et en badigeonner les côtelettes.

Placer les côtelettes dans un plat allant au four ; mettre sous le gril (broil) du four ordinaire ; faire griller 2 minutes de chaque côté.

Transférer les côtelettes dans le plat micro-ondes. Saler, poivrer et couvrir avec une pellicule de plastique.

Faire cuire 8 ou 9 minutes à réglage MOYEN-FORT. (Le temps de cuisson dépend de l'épaisseur des côtelettes.)

Servir le tout avec une sauce bourguignonne.

Préparation de la sauce bourguignonne

4	tranches de bacon, coupées en dés
1	oignon, haché
15 mL	(1 c. à souipe) de persil haché
1	gousse d'ail, écrasée et hachée
20	champignons, coupés en dés
375 mL	(1½ tasse) de vin rouge
375 mL	(1½ tasse) de bouillon de boeuf chaud
5 mL	(1 c. à thé) de sauce soya
45 mL	(3 c. à soupe) de fécule de maïs
60 mL	(4 c. à soupe) d'eau froide
30 mL	(2 c. à soupe) de crème sure
	sel et poivre

Mettre le bacon, les oignons, le persil, l'ail et les champignons dans un plat ; faire cuire, sans couvrir, pendant 10 minutes à réglage FORT.

Retirer le plat du four et mettre de côté.

Verser le vin dans une petite casserole et le faire réduire des deux-tiers, à feu vif, sur un élément de la cuisinière.

Verser le vin dans le plat contenant les champignons.

Ajouter le bouillon de boeuf et la sauce soya.

Délayer la fécule de maïs dans l'eau froide ; incorporer le mélange à la sauce ; et assaisonner au goût.

Faire cuire, sans couvrir, pendant 10 minutes à réglage FORT. Remuer la sauce 2 ou 3 fois pendant la cuisson.

Dès que la sauce est cuite, retirer le plat du four.

Ajouter la crème sure, mélanger et servir.

Cuisson du bacon

Pour obtenir un bacon croustillant, le faire cuire de la façon suivante.

Réglage : FORT
Temps de cuisson : 6 minutes
Contenant : assiette micro-ondes

Placer deux épaisseurs de papier essuie-mains sur une assiette.

Placer 6 tranches de bacon sur le papier ; couvrir avec une autre feuille de papier essuie-mains.

Faire cuire pendant 6 minutes.

Lorsque le bacon est cuit, le retirer de l'assiette ; laisser reposer 1 minute. Servir.

Technique des côtelettes de porc sauce bourguignonne

1 Présentation des côtelettes de porc.

2 Badigeonner les côtelettes de porc avec le mélange de sauce soya et de sirop d'érable.

Technique de la sauce bourguignonne

1 Faire cuire le bacon, les champignons, les oignons, l'ail et le persil; ajouter le vin rouge.

2 Ajouter le bouillon de boeuf.

Côtes de porc au beurre à l'ail

(pour 4 personnes)

Réglage : MOYEN
Temps de cuisson : 12 minutes dans le micro-ondes
Contenant : plat micro-ondes de 30 x 20 x 5 cm

4	côtes de porc papillon de 200 g (7 oz) et de 1,2 cm (½ po) d'épaisseur
5 mL	(1 c. à thé) d'huile
4	rondelles de beurre à l'ail
	sel et poivre

Sur une cuisinière ordinaire, faire chauffer l'huile à feu vif dans une poêle à frire à fond épais.

Ajouter 2 côtes de porc et les faire cuire 1 minute de chaque côté.

Retirer les côtes de porc de la poêle et les mettre de côté.

Faire chauffer de nouveau la poêle à feu vif et ajouter les 2 autres côtes de porc. Faire cuire 1 minute de chaque côté.

Placer les 4 côtes de porc dans le plat micro-ondes, tout en plaçant la partie la plus épaisse de la viande vers l'extérieur du plat.

Faire cuire, sans couvrir, pendant 6 minutes.

Retourner les côtes et continuer la cuisson, sans couvrir, pendant 6 minutes.

Une minute avant la fin de la cuisson, placer une rondelle de beurre à l'ail sur chaque côte de porc.

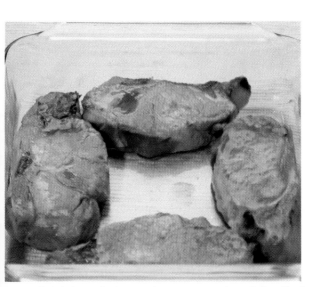

3 Saisir les côtelettes de porc sous le gril (broil) et les placer dans un plat pour le micro-ondes.

3 Ajouter le mélange de fécule de maïs.

Côtes de porc
à la flamande

(pour 2 personnes)

Réglage : MOYEN et FORT
Temps de cuisson : 15 minutes dans le micro-ondes
Contenant : plat micro-ondes carré de 2 litres

2	côtes de porc de 2,5 cm (1 po) d'épaisseur
5 mL	(1 c. à thé) d'huile
1	oignon, émincé
3	pommes de terre, pelées et émincées
15 mL	(1 c. à soupe) de persil haché
125 mL	(½ tasse) de bouillon de poulet chaud
15 mL	(1 c. à soupe) de sauce soya
	sel et poivre

Sur une cuisinière ordinaire, faire chauffer l'huile à feu vif dans une poêle à frire. Dès que l'huile est très chaude, ajouter les côtes de porc et les saisir, 1 minute de chaque côté.

Placer les côtes dans le plat micro-ondes et les faire cuire, sans couvrir, pendant 5 minutes à réglage MOYEN.

Retirer les côtes et les mettre de côté.

Mettre les oignons dans le plat ; recouvrir le tout de pommes de terre et de persil haché.

Ajouter le bouillon de poulet chaud et saler, poivrer.

Couvrir avec une pellicule de plastique et faire cuire au four pendant 10 minutes à réglage FORT.

Trois minutes avant la fin de la cuisson, placer les côtes de porc sur les pommes de terre et les arroser de sauce soya.

Couvrir et continuer la cuisson. Servir.

Technique

1   Mettre les oignons dans un plat et les recouvrir de pommes de terre et de persil haché.

2   Placer les côtes de porc, saisies à la poêle à frire, sur les pommes de terre cuites.

Côtes de porc grillées

(pour 2 personnes)

Réglage: MOYEN
Temps de cuisson: 16 minutes dans le micro-ondes
Contenant: plat micro-ondes de 30 x 20 x 5 cm
(11¾ x 7½ x 1¾ po)

4	côtes de porc de 2,5 cm (1 po)
5 mL	(1 c. à thé) d'huile
	sel et poivre

Sur une cuisinière ordinaire, faire chauffer l'huile à feu vif dans une poêle à frire à fond épais.

Ajouter 2 côtes de porc et les faire cuire 1 minute de chaque côté.

Retirer les côtes de la poêle et les mettre de côté.

Faire chauffer de nouveau la poêle à feu vif et ajouter les 2 autres côtes de porc. Faire cuire 1 minute de chaque côté.

Placer les 4 côtes de porc dans le plat micro-ondes. Il est très important de placer la partie la plus épaisse de la viande vers l'extérieur du plat.

Couvrir légèrement avec un papier ciré; faire cuire 8 minutes.

Retourner les côtes de porc, couvrir et continuer la cuisson pendant 8 minutes.

Servir avec une sauce aux pommes.

Côtes de porc, garniture bonne-femme

(pour 4 personnes)

Réglage: FORT et MOYEN
Temps de cuisson: 29 minutes dans le micro-ondes
Contenants: viande: plat micro-ondes de 30 x 20 x 5 cm
garniture: plat micro-ondes de 2 litres

Préparation de la garniture*

5 mL	(1 c. à thé) de beurre
½	oignon, finement haché
2	pommes de terre, pelées et coupées en dés
25	champignons, coupés en dés
375 mL	(1½ tasse) de sauce brune
15 mL	(1 c. à soupe) de persil, sel et poivre

Mettre le beurre, les oignons et les pommes de terre dans le plat; saler et poivrer.

Couvrir avec une pellicule de plastique; faire cuire 4 minutes à réglage FORT.

Retirer le plat du four; ajouter les champignons, la sauce brune et le persil.

Faire cuire, sans couvrir, pendant 9 minutes.

Servir avec les côtes de porc.

*Il est préférable de préparer la garniture en premier. Pour la réchauffer, la placer pendant 2 minutes au micro-ondes à réglage FORT.

Préparation des côtes de porc

4	côtes de porc de 2,5 cm (1 po)
5 mL	(1 c. à thé) d'huile, sel et poivre

Sur une cuisinière ordinaire, faire chauffer l'huile à feu vif dans une poêle à frire à fond épais.

Ajouter 2 côtes de porc et les faire cuire 1 minute de chaque côté.

Retirer les côtes de la poêle et les mettre de côté.

Faire chauffer de nouveau la poêle à feu vif et ajouter les 2 autres côtes; faire cuire 1 minute de chaque côté.

Placer les 4 côtes de porc dans le plat micro-ondes. Il est très important de placer la partie la plus épaisse de la viande vers l'extérieur du plat.

Couvrir légèrement la viande avec un papier ciré; faire cuire 8 minutes à réglage MOYEN.

Retourner les côtes de porc, couvrir et continuer la cuisson pendant 8 minutes.

Servir avec la garniture bonne-femme.

Émincé de porc à l'oignon et au piment

Émincé de porc à l'oignon et au piment

(pour 4 personnes)

Réglage: FORT
Temps de cuisson: 14 minutes
Contenant: plat micro-ondes rond de 2 litres

4	côtes de porc papillon, cuites et coupées en biseau
1	piment rouge, émincé
1	oignon, émincé
5 mL	(1 c. à thé) de beurre
250 mL	(1 tasse) de bouillon de poulet chaud
1	boîte de 796 mL (28 oz) de tomates, égouttées et hachées
22 mL	(1½ c. à soupe) de fécule de maïs
30 mL	(2 c. à soupe) d'eau froide
15 mL	(1 c. à soupe) de sauce soya
	une pincée d'origan
	sel et poivre

Mettre le beurre, les oignons et les piments dans un plat. Saler et poivrer.

Couvrir avec une pellicule de plastique; faire cuire pendant 4 minutes.

Ajouter les tomates et les épices; bien mélanger avec une cuillère en bois.

Faire cuire, sans couvrir, pendant 4 minutes.

Mélanger de nouveau et ajouter le bouillon de poulet chaud.

Délayer la fécule de maïs dans l'eau froide; incorporer le mélange à la sauce; bien remuer le tout.

Ajouter la sauce soya; corriger l'assaisonnement.

Faire cuire, sans couvrir, pendant 6 minutes.

Deux minutes avant la fin de la cuisson, ajouter les morceaux de porc.

Filets de porc au cari

(pour 4 personnes)

Réglage: FORT et MOYEN
Temps de cuisson: 35 minutes
Contenant: plat micro-ondes carré de 2 litres

2	filets de porc, dégraissés et coupés en deux
15 mL	(1 c. à soupe) de beurre
1	oignon, haché
30 mL	(2 c. à soupe) de poudre de cari
375 mL	(1½ tasse) de bouillon de boeuf chaud
15 mL	(1 c. à soupe) de sauce soya
15 mL	(1 c. à soupe) de sirop d'érable
30 mL	(2 c. à soupe) de fécule de maïs
45 mL	(3 c. à soupe) d'eau froide
50 mL	(¼ tasse) de raisins dorés secs
125 mL	(½ tasse) de noix de coco râpée
30 mL	(2 c. à soupe) de crème sure
	sel et poivre

Mettre le beurre, les oignons hachés et la poudre de cari dans le plat.

Couvrir avec une pellicule de plastique; faire cuire pendant 5 minutes à réglage FORT.

Placer les filets de porc dans le plat en plaçant la partie la plus épaisse de la viande vers l'extérieur.

Mélanger la sauce soya et le sirop d'érable et en badigeonner la viande.

Ajouter le bouillon de boeuf; saler et poivrer.

Faire cuire, sans couvrir, à réglage MOYEN, pendant 15 minutes.

Retirer le plat du four; ôter la viande et la mettre de côté.

Délayer la fécule de maïs dans l'eau froide; incorporer ce mélange à la sauce.

Remettre la viande dans le plat et continuer la cuisson au four, sans couvrir, pendant 15 minutes à réglage MOYEN.

Deux minutes avant la fin de la cuisson, ajouter les raisins et la noix de coco.

Retirer le plat du four; ajouter la crème sure et bien incorporer le tout. Servir.

Filets de porc aux oignons

Filets de porc aux oignons
(pour 4 personnes)

Réglage: FORT et MOYEN
Temps de cuisson: 35 minutes
Contenant: plat micro-ondes carré de 2 litres

2	filets de porc, dégraissés et coupés en deux
15 mL	(1 c. à soupe) de beurre
1½	oignon, émincé
1	gousse d'ail, écrasée et hachée
15 mL	(1 c. à soupe) de sirop d'érable
15 mL	(1 c. à soupe) de sauce soya
375 mL	(1½ tasse) de bouillon de boeuf chaud
15 mL	(1 c. à soupe) de pâte de tomates
30 mL	(2 c. à soupe) de fécule de maïs
45 mL	(3 c. à soupe) d'eau froide
	sel et poivre

Mettre le beurre, les oignons et l'ail dans un plat; saler légèrement.

Couvrir avec une pellicule de plastique; faire cuire pendant 5 minutes à réglage FORT.

Retirer le plat du four et mélanger les oignons.

Placer les filets de porc dans le plat en plaçant la partie la plus épaisse de la viande vers l'extérieur.

Mélanger la sauce soya et le sirop d'érable et en badigeonner la viande.

Ajouter le bouillon de boeuf chaud; saler et poivrer.

Faire cuire, sans couvrir, pendant 15 minutes à réglage MOYEN.

Retirer le plat du four; ôter la viande et la mettre de côté.

Ajouter la pâte de tomates.

Délayer la fécule de maïs dans l'eau froide; incorporer ce mélange à la sauce; bien remuer le tout.

Remettre la viande dans la sauce et continuer la cuisson, sans couvrir, pendant 15 minutes à réglage MOYEN.

Servir avec du brocoli.

Côtes de porc, garniture au piment *(pour 4 personnes)*

Réglage: FORTet MOYEN
Temps de cuisson: 23 minutes dans le micro-ondes
Contenants: pour la viande: plat micro-ondes de 30 x 20 x 5 cm
pour la garniture: plat micro-ondes de 2 litres

Préparation de la garniture*

5 mL	(1 c. à thé) de beurre
1	piment vert, coupé en dés
3	oignons verts, hachés
1	branche de céleri, coupée en petits dés
20	champignons, coupés en dés
375 mL	(1½ tasse) de riz à longs grains, cuit
15 mL	(1 c. à soupe) de sauce soya sel et poivre

Mettre le beurre, les oignons, les piments, le céleri et les champignons dans le plat; saler et poivrer.

Couvrir avec une pellicule de plastique; faire cuire 5 minutes à réglage FORT.

Retirer du four; ajouter le riz et mélanger avec une fourchette; faire cuire, sans couvrir, pendant 2 minutes à réglage FORT.

Ajouter la sauce soya; mélanger le tout avec une fourchette.

Servir avec les côtes de porc.

*Il est préférable de préparer la garniture en premier. Pour réchauffer la garniture, la placer pendant 2 minutes au micro-ondes à réglage FORT.

Préparation des côtes de porc

4	côtes de porc de 2,5 cm (1 po) d'épaisseur
5 mL	(1 c. à thé) d'huile, sel et poivre

Sur une cuisinière ordinaire, faire chauffer l'huile à feu vif dans une poêle à frire à fond épais.

Ajouter 2 côtes de porc et les faire cuire 1 minute de chaque côté.

Retirer les côtes de la poêle et les mettre de côté.

Faire chauffer de nouveau la poêle à feu vif et ajouter les 2 autres côtes de porc; faire cuire 1 minute de chaque côté.

Placer les 4 côtes de porc dans le plat micro-ondes. Il est très important de placer la partie la plus épaisse de la viande vers l'extérieur du plat.

Couvrir légèrement avec un papier ciré; faire cuire 8 minutes à réglage MOYEN.

Retourner les côtes de porc, couvrir et continuer la cuisson pendant 8 minutes.

Servir avec la garniture au piment.

Filet de porc farci

Filet de porc farci

(pour 2 personnes)

Réglage: FORT et MOYEN-FORT
Temps de cuisson: 37 minutes
Contenant: plat micro-ondes de 2 litres

1	filet de porc dégraissé
5 mL	(1 c. à thé) de beurre
30 mL	(2 c. à soupe) d'oignon haché
½	branche de céleri, hachée
15	champignons, lavés et hachés
30 mL	(2 c. à soupe) de chapelure
30 mL	(2 c. à soupe) de crème à 35%
1	oignon, coupé en dés
15 mL	(1 c. à soupe) de sauce soya
5 mL	(1 c. à thé) de sirop d'érable
250 mL	(1 tasse) de sauce tomate (commerciale)
250 mL	(1 tasse) de bouillon de boeuf chaud
227 g	(½ livre) de champignons, lavés et coupés en deux
	persil haché
	sel et poivre
	pincée de thym

Mettre le beurre dans le plat; ajouter l'oignon haché, le céleri et les champignons.

Ajouter le thym; saler et poivrer légèrement.

Couvrir avec une pellicule de plastique; faire cuire pendant 4 minutes à réglage FORT.

Retirer le plat du four et verser le mélange dans un bol.

Ajouter la chapelure et la crème; mélanger le tout pour obtenir une pâte homogène.

Couper le filet de porc en deux dans le sens de la longueur; placer le morceau de filet entre deux feuilles de papier ciré et, à l'aide d'un maillet, l'aplatir pour l'élargir.

Saler et poivrer la viande.

Étendre la farce sur le filet aplati, le rouler sur lui-même et le ficeler sans trop le serrer.

Mélanger le sirop d'érable et la sauce soya et en badigeonner le filet.

Mettre les oignons dans un plat; couvrir avec une pellicule de plastique et faire cuire 3 minutes.

Placer le filet sur les oignons; ajouter la sauce tomate et le bouillon de boeuf; poivrer.

Couvrir avec une pellicule de plastique; faire cuire pendant 30 minutes à réglage MOYEN-FORT.

Retourner le filet de porc une fois pendant la cuisson.

Dix minutes avant la fin de la cuisson, ajouter les champignons.

Laisser reposer le filet 5 à 6 minutes dans la sauce.

Note: si vous trouvez la sauce trop claire, l'épaissir de la façon suivante: verser la sauce dans une casserole, ajouter 15 mL (1 c. à soupe) de fécule de maïs mélangée à 30 mL (2 c. à soupe) d'eau froide. Incorporer le tout et amener à ébullition sur l'élément de la cuisinière pendant 2 minutes.

Technique

1 Mettre le beurre, les oignons hachés, le céleri et les champignons hachés dans un plat; faire cuire le tout.

→

Technique du filet de porc farci (suite)

2 Verser le mélange cuit dans un bol; ajouter la cha-pelure.

3 Ajouter la crème; mélanger le tout pour obtenir une pâte.

6 Étendre la farce sur le filet.

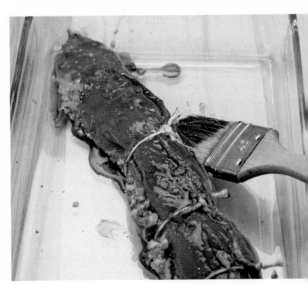

7 Badigeonner le filet du mélange de sauce soya e de sirop d'érable.

4 Couper le filet de porc en deux.

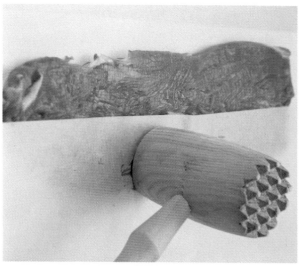

5 Placer le filet entre deux feuilles de papier ciré et, à l'aide d'un maillet, l'aplatir.

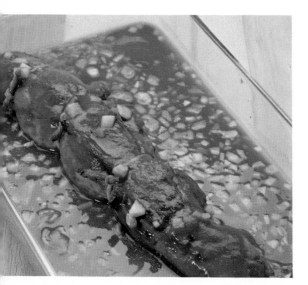

8 Placer le filet de porc sur les oignons cuits ; ajouter la sauce tomate et le bouillon de boeuf ; poivrer.

9 Dix minutes avant la fin de la cuisson, ajouter les champignons.

Rôti de porc sauce aux pommes

(pour 4 personnes)

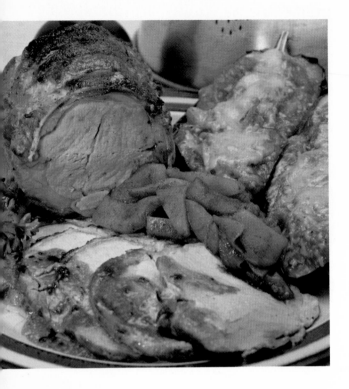

Disposer un papier ciré sur le rôti; faire cuire au micro-ondes, à réglage MOYEN, pendant 20 minutes.

Retirer le plat et badigeonner le rôti avec le beurre au raifort; saler et poivrer.

Remettre le plat au four en le tournant d'un demi-tour et continuer la cuisson pendant 20 minutes.

Retirer le plat du four et couvrir le rôti avec un papier d'aluminium; laisser reposer pendant 10 minutes.

Servir avec une sauce aux pommes.

* Voir la recette dans ce livre.

Réglage: MOYEN
Temps de cuisson: 40 minutes dans le micro-ondes
Contenant: plat micro-ondes carré de 2 litres

Préparation du rôti

1	longe de porc de 1,4 kg (3 lb)
1	gousse d'ail, coupée en petits morceaux
30 mL	(2 c. à soupe) de sirop d'érable
5 mL	(1 c. à thé) de sauce soya
30 mL	(2 c. à soupe) de beurre au raifort*
	sel et poivre

Faire des incisions dans la longe de porc et y insérer des petits morceaux d'ail.

Mélanger le sirop d'érable et la sauce soya; badigeonner le rôti avec ce mélange.

Placer le rôti dans un plat allant dans un four ordinaire et le faire cuire à gril (broil), à 15 cm (6 po) de l'élément supérieur, pendant 7 minutes.

Retirer le rôti du four et le placer dans le plat micro-ondes; poivrer généreusement.

Technique

1 Présentation du rôti de porc ficelé.

Préparation de la sauce aux pommes

Réglage: FORT
Temps de cuisson: 6 minutes
Contenant: plat micro-ondes rond de 2 litres

4	pommes évidées, pelées et émincées
30 mL	(2 c. à soupe) de cassonade
15 mL	(1 c. à soupe) de jus de citron
5 mL	(1 c. à thé) de cannelle
1 mL	(¼ c. à thé) de piment de la Jamaïque moulu

Mettre tous les ingrédients dans le plat; couvrir avec une pellicule de plastique; faire cuire pendant 6 minutes.

Retirer le plat du four.

Bien mélanger la sauce aux pommes et servir avec le rôti de porc.

Insérer des petits morceaux d'ail dans le rôti.

Filets de porc aux champignons

(pour 4 personnes)

Réglage: FORT et MOYEN
Temps de cuisson: 36 minutes
Contenant: plat micro-ondes carré de 2 litres

2	filets de porc, dégraissés et coupés en deux
15 mL	(1 c. à soupe) de beurre
1	oignon, haché
227 g	(½ lb) de champignons, émincés
15 mL	(1 c. à soupe) de persil haché
15 mL	(1 c. à soupe) de sirop d'érable
15 mL	(1 c. à soupe) de sauce soya
250 mL	(1 tasse) de bouillon de boeuf chaud
15 mL	(1 c. à soupe) de pâte de tomates
45 mL	(3 c. à soupe) de fécule de maïs
60 mL	(4 c. à soupe) d'eau froide
30 mL	(2 c. à soupe) de crème sure
	quelques gouttes de jus de citron
	sel et poivre

Mettre le beurre, les oignons, les champignons et le persil dans le plat; saler et ajouter quelques gouttes de jus de citron.

Couvrir avec une pellicule de plastique; faire cuire pendant 6 minutes à réglage FORT.

Retirer le plat du four; mélanger le tout.

Placer les filets de porc dans le plat en plaçant la partie la plus épaisse de la viande vers l'extérieur.

Mélanger la sauce soya et le sirop d'érable et en badigeonner la viande.

Ajouter le bouillon de boeuf; saler et poivrer.

Faire cuire, sans couvrir, à réglage MOYEN, pendant 15 minutes.

Retirer le plat du four; ôter la viande et la mettre de côté.

Ajouter la pâte de tomates à la sauce.

Délayer la fécule de maïs dans l'eau froide; incorporer ce mélange à la sauce; bien remuer le tout.

Remettre les filets de porc dans la sauce et continuer la cuisson, sans couvrir, pendant 15 minutes à réglage MOYEN.

Couper les filets en tranches; ajouter la crème sure à la sauce. Servir.

Boeuf bourguignon

Boeuf bourguignon

(pour 4 personnes)

Réglage: FORT et MOYEN-FORT
Temps de cuisson: 1 heure 10 minutes dans le micro-ondes
Contenant: plat micro-ondes de 2 litres

680 g	(1 ½ lb) de boeuf dans les hautes côtes, coupé en cubes (pas trop gros)
3	tranches de bacon, coupées en dés
2	oignons, hachés
2	gousses d'ail, écrasées et hachées
30 mL	(2 c. à soupe) d'huile d'arachide
375 mL	(1 ½ tasse) de vin rouge sec, réduit de moitié sur l'élément de la cuisinière
250 mL	(1 tasse) de sauce tomate
250 mL	(1 tasse) de bouillon de boeuf chaud
227 g	(½ lb) de champignons, lavés et coupés en deux
37 mL	(2½ c. à soupe) de fécule de maïs
45 mL	(3 c. à soupe) d'eau froide
	une pincée de thym
	une feuille de laurier
	persil haché
	sel et poivre

Sur une cuisinière ordinaire, faire chauffer l'huile, à feu vif, dans une sauteuse.

Ajouter le bacon, les oignons et la moitié des cubes de boeuf; faire saisir 2 ou 3 minutes de chaque côté.

Saler et poivrer le tout.

Répéter la même opération avec le reste de la viande.

Placer la viande saisie dans le plat micro-ondes; ajouter les épices.

Ajouter le vin réduit, la sauce tomate et le bouillon de boeuf.

Délayer la fécule de maïs dans l'eau froide; incorporer ce mélange à la sauce.

Poivrer; couvrir avec une pellicule de plastique; faire cuire pendant 70 minutes à réglage MOYEN-FORT.

8 minutes avant la fin de la cuisson, ajouter les champignons.

Dès que le boeuf bourguignon est cuit, le laisser reposer de 8 à 10 minutes dans le micro-ondes.

Parsemer le tout de persil haché.

Servir avec des croûtons et un vin rouge sec.

Technique

1 Mettre le boeuf, les oignons et le bacon saisis dans un plat.

→

Technique du boeuf bourguignon (suite)

2 Ajouter le vin rouge réduit.

3 Ajouter la sauce tomate.

4 Ajouter le bouillon de boeuf.

5 Ajouter la fécule de maïs.

Flanc de boeuf au cari

(pour 4 personnes)

Réglage: FORT et MOYEN-FORT
Temps de cuisson: 56 minutes
Contenant: plat micro-ondes de 2 litres

5 mL	(1 c. à thé) d'huile
2	oignons, émincés
1	gousse d'ail, écrasée et hachée
22 mL	(1½ c. à soupe) de poudre de cari
15 mL	(1 c. à soupe) de sauce soya
5 mL	(1 c. à thé) de sirop d'érable
1	flanc de boeuf de 454 g (1 lb)
500 mL	(2 tasses) de bouillon de poulet chaud
37 mL	(2½ c. à soupe) de fécule de maïs
45 mL	(3 c. à soupe) d'eau froide
30 mL	(2 c. à soupe) de crème sure
50 mL	(¼ tasse) de noix de coco râpée
50 mL	(¼ tasse) de raisins dorés secs
	quelques gouttes de jus de citron
	sel et poivre

Mettre l'huile, les oignons et l'ail dans le plat; couvrir avec une pellicule de plastique et faire cuire pendant 3 minutes à réglage FORT.

Ajouter la poudre de cari et continuer la cuisson, à réglage FORT, pendant 2 minutes; mélanger le tout.

Rouler le flanc (ne pas ficeler) et le placer dans le plat contenant les oignons.

Mélanger la sauce soya et le sirop d'érable; badigeonner le flanc de ce mélange; saler et poivrer.

Ajouter le bouillon de poulet; couvrir avec une pellicule de plastique et faire cuire pendant 43 minutes à réglage MOYEN-FORT.

Retourner la viande 2 ou 3 fois pendant la cuisson.

Retirer le flanc et le mettre de côté.

Délayer la fécule de maïs dans l'eau froide et l'incorporer à la sauce; bien mélanger.

Faire cuire, sans couvrir, pendant 8 minutes à réglage MOYEN-FORT; remuer la sauce 2 fois pendant la cuisson.

Une minute avant la fin de la cuisson, ajouter la noix de coco, des raisins et le jus de citron.

Avant de servir, ajouter la crème sure.

Flanc de boeuf aux légumes

(pour 4 personnes)

Réglage: FORT et MOYEN-FORT
Temps de cuisson: 55 minutes
Contenant: plat micro-ondes de 2 litres

5 mL	(1 c. à thé) de beurre
1	oignon, coupé en dés
15 mL	(1 c. à soupe) de sauce soya
5 mL	(1 c. à thé) de sirop d'érable
1	flanc de boeuf de 454 g (1 lb)
1	petite feuille de laurier
625 mL	(2½ tasses) de bouillon de boeuf chaud
2	pommes de terre, coupées en cubes
½	navet, coupé en cubes
2	carottes, coupées en rondelles
45 mL	(3 c. à soupe) de fécule de maïs
60 mL	(4 c. à soupe) d'eau froide
30 mL	(2 c. à soupe) de pâte de tomates
15 mL	(1 c. à soupe) de persil haché
	une pincée de thym
	une pincée de muscade, sel et poivre

Mettre le beurre et les oignons dans le plat; couvrir avec une pellicule de plastique et faire cuire pendant 4 minutes à réglage FORT.

Rouler le flanc (ne pas ficeler) et le placer dans le plat contenant les oignons.

Mélanger la sauce soya et le sirop d'érable et badigeonner le flanc de ce mélange.

Ajouter le bouillon de boeuf chaud, la muscade, la pâte de tomates, la feuille de laurier et le thym; saler, poivrer et mélanger le tout.

Couvrir avec une pellicule de plastique et faire cuire le tout pendant 43 minutes à réglage MOYEN-FORT. Retourner la viande 2 ou 3 fois pendant la cuisson.

Vingt minutes avant la fin, ajouter les légumes.

À la fin de la cuisson, délayer la fécule de maïs dans l'eau froide et l'incorporer à la sauce; remuer le tout.

Faire cuire, sans couvrir, pendant 8 minutes à réglage MOYEN-FORT; remuer le tout 2 fois pendant la cuisson.

Laisser reposer 7 ou 8 minutes; parsemer de persil haché. Servir.

Boeuf braisé à l'aubergine

Boeuf braisé à l'aubergine

(pour 4 personnes)

Réglage: FORT et MOYEN-FORT
Temps de cuisson: 1 heure 10 minutes
Contenant: plat micro-ondes de 2 litres

680 g	(1 ½ lb) de boeuf dans les hautes côtes, coupé en cubes (pas trop gros)
1	oignon, coupé en dés
1	gousse d'ail, écrasée et hachée
30 mL	(2 c. à soupe) d'huile d'arachide
15 mL	(1 c. à soupe) de persil haché
1 mL	(¼ c. à thé) de thym
1	boîte de tomates de 796 mL (28 onces), égouttées
1	petite aubergine mûre, pelée et coupée en rondelles
375 mL	(1 ½ tasse) de bouillon de boeuf chaud
30 mL	(2 c. à soupe) de fécule de maïs
45 mL	(3 c. à soupe) d'eau froide
	sel et poivre

Verser l'huile d'arachide dans une poêle à frire et la faire chauffer, à feu vif, sur un élément de la cuisinière.

Dès que l'huile est chaude, ajouter la moitié des cubes de boeuf et les oignons; faire saisir 3 minutes de chaque côté; saler et poivrer.

Répéter la même opération avec le reste de la viande.

Placer les oignons et la viande dans le plat micro-ondes; ajouter les épices, l'ail, les tomates et l'aubergine.

Ajouter le bouillon de boeuf.

Couvrir avec une pellicule de plastique; faire cuire pendant 70 minutes à réglage MOYEN-FORT.

Dix minutes avant la fin de la cuisson, mélanger la fécule de maïs et l'eau froide et l'incorporer à la sauce.

Lorsque le boeuf braisé est cuit, le laisser reposer de 8 à 10 minutes au four.

Technique

1 Le boeuf et les oignons coupés en dés.

2 Mettre la viande et les oignons saisis dans le plat.

→

Technique du boeuf braisé à l'aubergine

3 Ajouter les tomates.

4 Recouvrir le tout de tranches d'aubergine.

5 Ajouter le bouillon de boeuf.

6 Ajouter le mélange de fécule de maïs.

Flanc de boeuf aux champignons et aux concombres

(pour 4 personnes)

Réglage: FORT et MOYEN-FORT
Temps de cuisson: 55 minutes
Contenant: plat micro-ondes de 2 litres

5 mL	(1 c. à thé) d'huile
1	gros oignon, coupé en dés
1	gousse d'ail, écrasée et hachée
15 mL	(1 c. à soupe) de sauce soya
5 mL	(1 c. à thé) de sirop d'érable
1	flanc de boeuf de 454 g (1 lb)
500 mL	(2 tasses) de sauce brune
1 mL	(¼ c. à thé) de thym
114 g	(¼ lb) de champignons, coupés en deux
1	concombre pelé, évidé et coupé en rondelles de 0,62 cm (¼ po) d'épaisseur
	quelques gouttes de jus de citron
	sel et poivre

Mettre les oignons, l'ail et l'huile dans le plat; couvrir avec une pellicule de plastique et faire cuire 4 minutes à réglage FORT.

Rouler le flanc (ne pas ficeler) et le placer dans le plat contenant les oignons.

Mélanger la sauce soya et le sirop d'érable et badigeonner le flanc de ce mélange.

Ajouter la sauce brune, le thym et saler légèrement; poivrer.

Couvrir avec une pellicule de plastique et faire cuire pendant 43 minutes à réglage MOYEN-FORT.

Retourner la viande 2 ou 3 fois pendant la cuisson.

À la fin du temps de cuisson, ajouter les champignons et les concombres.

Arroser le tout de jus de citron.

Couvrir avec une pellicule de plastique et faire cuire pendant 8 minutes à réglage MOYEN-FORT.

Laisser reposer 7 ou 8 minutes dans le micro-ondes. Servir.

1 Mettre l'huile, les oignons et l'ail dans un plat.

→

Technique du flanc de boeuf aux champignons et aux concombres

2 Badigeonner le flanc de boeuf du mélange de sauce soya et de sirop d'érable.

3 Placer le flanc sur les oignons.

5 Ajouter les concombres.

6 Ajouter les champignons.

4 Ajouter la sauce brune; couvrir et faire cuire le tout.

Flanc de boeuf aux tomates

(pour 4 personnes)

Réglage: FORT et MOYEN-FORT
Temps de cuisson: 52 minutes dans le micro-ondes
Contenant: plat micro-ondes de 2 L

5 mL	(1 c. à thé) d'huile
1	oignon, haché
2	gousses d'ail, écrasées et hachées
15 mL	(1 c. à soupe) de sauce soya
5 mL	(1 c. à thé) de sirop d'érable
1	flanc de boeuf de 454 g (1 lb)
375 mL	(1½ tasse) de tomates, égouttées et hachées
125 mL	(½ tasse) de bouillon de poulet chaud
15 mL	(1 c. à soupe) de pâte de tomates
	sel et poivre

Mettre l'huile, les oignons et l'ail dans le plat; couvrir avec une pellicule plastique et faire cuire 2 minutes à réglage FORT.

Rouler le flanc, le ficeler légèrement et le déposer dans le plat contenant les oignons.

Mélanger la sauce soya et le sirop d'érable; badigeonner le flanc de ce mélange; saler et poivrer.

Ajouter les tomates, le bouillon de poulet et la pâte de tomates; mélanger le tout (ou mélanger les 3 ingrédients dans un bol et les verser sur le flanc).

Couvrir avec une pellicule plastique et faire cuire pendant 50 minutes à réglage MOYEN-FORT.

Retourner le flanc 2 ou 3 fois pendant la cuisson.

Dès que le flanc est cuit, le retirer et le placer sur un plat de service.

Verser la sauce dans une casserole et la faire réduire pendant 4 ou 5 minutes, à feu vif, sur l'élément de la cuisinière.

Assaisonner au goût; servir avec le flanc.

Ragoût de boeuf

Ragoût de boeuf

(pour 4 personnes)

Réglage : FORT
Temps de cuisson : 1 heure 13 minutes
Contenant : plat micro-ondes de 2 litres avec couvercle

680 g	(1½ lb) de boeuf dans les hautes côtes, coupé en cubes
1	oignon, coupé en cubes
5 mL	(1 c. à thé) d'huile
45 mL	(3 c. à soupe) de sauce soya
½	navet, pelé et coupé en cubes
2	pommes de terre, pelées et coupées en cubes
3	carottes, coupées en cubes
1	feuille de laurier
30 mL	(2 c. à soupe) de pâte de tomates
625 mL	(2½ tasses) de bouillon de boeuf chaud
45 mL	(3 c. à soupe) de fécule de maïs
60 mL	(4 c. à soupe) d'eau froide
45 mL	(3 c. à soupe) de crème sure
	une pincée de thym
	une pincée d'origan
	sel et poivre

Mettre la viande dans un plat et l'arroser de sauce soya ; mélanger le tout ; poivrer et faire mariner pendant 30 minutes ou plus, si désiré.

Mettre les oignons, l'huile, le thym et l'origan dans le plat micro-ondes ; couvrir avec une pellicule de plastique et faire cuire pendant 3 minutes.

Retirer le plat du four ; ajouter la viande, la pâte de tomates et le bouillon de boeuf ; mélanger le tout.

Ajouter la feuille de laurier, le sel et le poivre ; mettre le couvercle et faire cuire pendant 50 minutes.

Délayer la fécule de maïs dans l'eau froide et l'ajouter au boeuf ; bien incorporer le tout.

Ajouter les légumes et mélanger de nouveau ; couvrir et faire cuire pendant 20 minutes.

Laisser reposer 6 ou 7 minutes avant de servir.

Ajouter la crème sure et mélanger le tout. Servir.

Technique

1 Présentation du boeuf et des légumes coupés en cubes.

→

Technique du ragoût de boeuf (suite)

2 Mettre les oignons, l'huile et les épices dans le plat. Saler et poivrer.

3 Faire mariner le boeuf dans la sauce soya.

5 Vingt minutes avant la fin de la cuisson, ajouter les légumes.

6 Ajouter la crème sure. Mélanger le tout.

Ragoût de boulettes de boeuf à l'oignon

(pour 4 personnes)

Réglage: FORT
Temps de cuisson: 12 minutes
Contenant: plat micro-ondes de 2 litres

45 mL	(3 c. à soupe) d'oignon haché cuit
454 g	(1 lb) de boeuf maigre, haché
1	oeuf entier
1	oignon, émincé
2	branches de céleri, émincées
15 mL	(1 c. à soupe) de sauce soya
500 mL	(2 tasses) de bouillon de boeuf chaud
45 mL	(3 c. à soupe) de fécule de maïs
60 mL	(4 c. à soupe) d'eau froide
	une pincée de thym
	une pincée d'origan
	sel et poivre du moulin

1 Placer la viande dans le plat contenant les oignons cuits.

Mettre les oignons cuits, le boeuf haché, l'oeuf et les épices dans le bol du robot-coupe; mélanger le tout jusqu'à ce que la viande adhère aux parois du bol.

Retirer le mélange et former des boulettes avec les mains légèrement huilées.

Mettre les oignons émincés et le céleri dans le plat.

Placer les boulettes de viande sur les oignons et arroser le tout de sauce soya.

Ajouter le bouillon de boeuf.

Délayer la fécule de maïs dans l'eau froide et incorporer le mélange au liquide.

Couvrir avec une pellicule de plastique; faire cuire pendant 12 minutes. Servir.

Technique du ragoût de boulettes de boeuf à l'oignon

1 Mélanger la viande, les oignons cuits et l'oeu[dans un bol. Saler et poivrer.

4 Mettre les oignons et le céleri dans un plat.

5 Ajouter les boulettes et les arroser de sauce soya.

2 Pour bien incorporer les ingrédients et obtenir un mélange homogène, il est préférable d'utiliser un malaxeur ou un robot-coupe.

3 Former des boulettes.

6 Ajouter le bouillon de boeuf.

Rôti de boeuf sauce au piment

Rôti de boeuf
sauce au piment

(pour 4 personnes)

Réglage: MOYEN
Temps de cuisson: 30 minutes dans le micro-ondes
Contenant: plat micro-ondes carré de 2 litres

Préparation du rôti

1	rôti de boeuf dans la pointe de surlonge de 1,4 kg (3 lb)
30 mL	(2 c. à soupe) de sirop d'érable
5 mL	(1 c. à thé) de sauce soya
30 mL	(2 c. à soupe) de beurre à la moutarde*
	sel et poivre

Mélanger le sirop d'érable et la sauce soya; badigeonner le rôti de ce mélange.

Placer le rôti dans un plat allant dans un four ordinaire et le faire cuire à gril (broil), à 15 cm (6 po) de l'élément supérieur, pendant 7 minutes.

Retirer le rôti du four et le placer dans le plat micro-ondes.

Poivrer généreusement.

Disposer un papier ciré sur le rôti; faire cuire, à réglage MOYEN, pendant 15 minutes.

Badigeonner le rôti de beurre à la moutarde; saler et poivrer le tout.

Remettre le plat au four, en le tournant d'un demi-tour, et continuer la cuisson pendant 15 minutes.

Retirer le rôti du four; couvrir le plat avec un papier d'aluminium et laisser reposer pendant 10 minutes.

Voir la recette dans ce livre.

Préparation de la sauce au piment

Réglage: FORT
Temps de cuisson: 8 minutes
Contenant: plat micro-ondes rond de 2 litres

1½	piment vert, émincé
5 mL	(1 c. à thé) de beurre
1	gousse d'ail, écrasée et hachée
15 mL	(1 c. à soupe) de persil haché
250 mL	(1 tasse) de bouillon de boeuf chaud
30 mL	(2 c. à soupe) de fécule de maïs
45 mL	(3 c. à soupe) d'eau froide
	jus de cuisson du rôti
	sel et poivre

Mettre le piment, le beurre, l'ail et le persil dans le plat; couvrir avec une pellicule de plastique et faire cuire pendant 3 minutes.

Ajouter le jus de cuisson et le bouillon de boeuf.

Délayer la fécule de maïs dans l'eau froide; incorporer à la sauce et mélanger le tout avec un fouet.

Corriger l'assaisonnement; faire cuire, sans couvrir, pendant 5 minutes, tout en ayant soin de remuer la sauce à toutes les 2 minutes.

Servir avec le rôti.

Voir technique en page suivante.

Technique du rôti de boeuf sauce au piment

1 Le rôti de boeuf dans la pointe de surlonge.

2 Badigeonner le rôti du mélange de sauce soya de sirop d'érable.

3 Le rôti a été saisi, dans un four ordinaire, sous le gril (broil) pendant 7 minutes.

4 Après 15 minutes de cuisson, badigeonner le rô de beurre à la moutarde.

Poitrines de poulet à la florentine

(pour 4 personnes)

réglage: MOYEN-FORT et FORT
temps de cuisson: 20 minutes
contenant: plat micro-ondes de 2 litres

2	poitrines de poulet, désossées, sans la peau et coupées en deux
2	branches de céleri, émincées
375 mL	(1½ tasse) de bouillon de poulet chaud
15 mL	(1 c. à soupe) de persil haché
1 mL	(¼ c. à thé) de muscade
37 mL	(2½ c. à soupe) de fécule de maïs
60 mL	(4 c. à soupe) de crème à 18%
	sel et poivre

Mettre les poitrines de poulet dans le plat; saler et poivrer.

Ajouter le céleri, le bouillon de poulet, le persil haché et la muscade; mélanger le tout.

Couvrir avec une pellicule de plastique; faire cuire pendant 11 minutes à réglage MOYEN-FORT.

Retourner les poitrines 1 fois pendant la cuisson.

Dès que les poitrines sont cuites, les retirer du four et les laisser reposer 4 ou 5 minutes.

Retirer les poitrines du plat et les mettre de côté.

Délayer la fécule de maïs dans la crème et l'incorporer à la sauce; mélanger le tout avec un fouet de cuisine.

Faire cuire, sans couvrir, pendant 8 minutes, à réglage FORT; remuer la sauce 3 fois pendant la cuisson.

Remettre les poitrines dans la sauce et faire chauffer pendant 1 minute au four micro-ondes.

Servir avec des épinards au beurre (facultatif).

Technique

1 Placer les poitrines de poulet dans un plat. →

Technique des poitrines de poulet à la florentine (suite)

2 Ajouter le céleri.

3 Ajouter le bouillon de poulet, couvrir et percer l pellicule de plastique avec un petit couteau d'off ce pour permettre à la vapeur de s'échapper per dant la cuisson.

4 Retirer le papier et laisser reposer le poulet 4 ou 5 minutes.

5 Ajouter le mélange de fécule de maïs au liquide d cuisson.

Poulet à la bretonne

(pour 4 personnes)

Réglage: FORT et MOYEN-FORT
Temps de cuisson: 31 minutes dans le micro-ondes
Contenant: plat micro-ondes de
30 x 20 x 5 cm (11¾ x 7½ x 1¾ po)

30 mL	(2 c. à soupe) d'huile d'arachide
3	poireaux (le blanc seulement), lavés et émincés
1	oignon, haché
5 mL	(1 c. à thé) de beurre
1	poulet de 1,4 à 1,6 kg (3 à 3½ lb), coupé en 8 morceaux
25 mL	(½ tasse) de bouillon de poulet chaud
227 g	(½ lb) de champignons, coupés en deux
45 mL	(3 c. à soupe) de crème épaisse
	quelques gouttes de jus de citron
	sel et poivre
	farine

Mettre les poireaux, les oignons et le beurre dans le plat; couvrir avec une pellicule de plastique et faire cuire pendant 4 minutes à réglage FORT.

Sur une cuisinière ordinaire, faire chauffer, à feu vif, l'huile dans une sauteuse.

Retirer la peau des morceaux de poulet.

Saler, poivrer les morceaux de poulet et les enfariner.

Placer le poulet dans l'huile chaude; faire saisir le tout 2 ou 3 minutes de chaque côté.

Placer les morceaux de poulet sur les oignons cuits. Ajouter le bouillon de poulet; couvrir et faire cuire pendant 12 minutes à réglage MOYEN-FORT.

Retourner les morceaux de poulet, couvrir et continuer la cuisson pendant 5 minutes à réglage MOYEN-FORT.

Retirer les ailerons et les poitrines du plat.

Ajouter les champignons et continuer la cuisson, sans couvrir, pendant 7 minutes.

Ajouter la crème et continuer la cuisson, sans couvrir, pendant 2 minutes. Arroser de jus de citron.

Remettre les ailerons et les poitrines dans la sauce et faire mijoter le tout dans le liquide chaud pendant 1 minute. Servir.

Poulet à l'arlésienne

(pour 4 personnes)

Réglage: FORT et MOYEN-FORT
Temps de cuisson: 31 minutes dans le micro-ondes
Contenant: plat micro-ondes
de 30 x 20 x 5 cm (11¾ x 7½ x 1¾ po)

30 mL	(2 c. à soupe) d'huile d'olive
1	oignon, haché
1	gousse d'ail, écrasée et hachée
5 mL	(1 c. à thé) de beurre
1	poulet de 1,4 à 1,6 kg (3 à 3½ lb), coupé en 8 morceaux
1	boîte de tomates de 796 mL (28 oz), égouttées et hachées
½	aubergine, pelée et émincée
125 mL	(½ tasse) de bouillon de poulet chaud
15 mL	(1 c. à soupe) de persil haché
	sel et poivre
	farine

Mettre le beurre, le persil, l'ail et les oignons dans le plat; couvrir avec une pellicule de plastique et faire cuire pendant 4 minutes à réglage FORT.

Sur une cuisinière ordinaire, faire chauffer, à feu vif, l'huile dans une sauteuse.

Retirer la peau du poulet.

Saler, poivrer et enfariner les morceaux de poulet.

Faire saisir le poulet dans l'huile chaude 3 ou 4 minutes de chaque côté.

Placer les morceaux de poulet sur les oignons cuits; ajouter les tomates, l'aubergine et le bouillon de poulet; saler et poivrer.

Couvrir et faire cuire pendant 12 minutes à réglage MOYEN-FORT.

Retourner les morceaux, couvrir et faire cuire pendant 5 minutes à réglage MOYEN-FORT.

Retirer les ailerons et les poitrines. Continuer la cuisson des cuisses pendant 10 minutes à réglage MOYEN-FORT.

Parsemer de persil haché. Servir.

Note: pour une sauce plus épaisse, la verser dans une casserole et la faire cuire 4 ou 5 minutes à feu vif.

Poitrines de poulet au gratin

Poitrines de poulet au gratin

(pour 4 personnes)

Réglage: MOYEN-FORT et FORT
Temps de cuisson: 20 minutes
Contenant: plat micro-ondes de 2 litres

2	poitrines de poulet, désossées, sans la peau et coupées en deux
2	branches de céleri, émincées
375 mL	(1½ tasse) de bouillon de poulet chaud
15 mL	(1 c. à soupe) de persil haché
1 mL	(¼ c. à thé) de muscade
37 mL	(2½ c. à soupe) de fécule de maïs
60 mL	(4.c. à soupe) de crème à 18%
125 mL	(½ tasse) de fromage gruyère râpé
	paprika
	sel et poivre

Placer les poitrines de poulet dans le plat. Saler et poivrer.

Ajouter le céleri, le bouillon de poulet, le persil et la muscade; mélanger le tout.

Couvrir avec une pellicule de plastique; faire cuire pendant 11 minutes à réglage MOYEN-FORT.

Retourner les poitrines de poulet 1 fois pendant la cuisson.

Dès que les poitrines sont cuites, les retirer du four et les laisser reposer 4 ou 5 minutes dans le liquide de cuisson.

Retirer les poitrines du plat et les mettre de côté.

Délayer la fécule de maïs dans la crème; incorporer le mélange à la sauce; saler et poivrer, si nécessaire.

Faire cuire, sans couvrir, pendant 8 minutes à réglage FORT, tout en mélangeant la sauce avec un fouet de cuisine 2 ou 3 fois pendant la cuisson.

Remettre les poitrines de poulet dans la sauce.

Parsemer le tout de fromage râpé. Faire cuire pendant 1 minute à réglage FORT pour faire fondre le fromage.

Parsemer de paprika. Servir.

Poulet sauté aux olives

(pour 4 personnes)

Réglage: FORT et MOYEN-FORT
Temps de cuisson: 28 minutes dans le micro-ondes
Contenant: plat micro-ondes de 30 x 20 x 5 cm (11¾ x 7½ x 1¾ po)

30 mL	(2 c. à soupe) d'huile d'arachide
1	oignon, haché
1	gousse d'ail, écrasée et hachée
5 mL	(1c. à thé) de beurre
1	poulet de 1,4 à 1,6 kg (3 à 3½ lb), coupé en 8 morceaux
125 mL	(½ tasse) de vin de Madère
500 mL	(2 tasses) de sauce brune épaisse*
24	olives farcies
	quelques gouttes de jus de citron
	sel et poivre
	farine

Mettre les oignons, l'ail et le beurre dans le plat; couvrir avec une pellicule de plastique et faire cuire pendant 4 minutes à réglage FORT.

Sur une cuisinière ordinaire, faire chauffer l'huile, à feu vif, dans une sauteuse.

Retirer la peau du poulet.

Saler, poivrer et enfariner les morceaux de poulet.

Saisir les morceaux de poulet dans l'huile chaude 3 ou 4 minutes de chaque côté.

Placer le poulet sur les oignons cuits; ajouter le vin de Madère et la sauce brune; couvrir et faire cuire pendant 12 minutes à réglage MOYEN-FORT.

Retourner les morceaux de poulet; ajouter les olives; couvrir et continuer la cuisson pendant 5 minutes.

Retirer les poitrines et les ailerons; prolonger la cuisson des cuisses pendant 7 minutes, à réglage MOYEN-FORT.

Arroser le tout de jus de citron. Servir.

* Voir la recette dans ce livre.

Poulet au vin rouge
(pour 4 personnes)

Technique

1 Mettre les oignons, le persil, l'ail et le bacon dan[s] un plat ; faire cuire, sans couvrir, pendant 6 minu[tes].

Réglage : FORT et MOYEN-FORT
Temps de cuisson : 41 minutes dans le micro-ondes
Contenant : plat micro-ondes
de 30 x 20 x 5 cm (11¾ x 7½ x 1¾ po)

2	gousses d'ail, écrasées et hachées
30 mL	(2 c. à soupe) d'huile d'arachide
1	oignon, coupé en dés
15 mL	(1 c. à soupe) de persil haché
5	tranches de bacon, coupées en dés
1	poulet de 1,4 à 1,6 kg (3 à 3½ lb), coupé en 8 morceaux
1½	tasse) de vin rouge sec, réduit de moitié sur l'élément de la cuisinière
250 mL	(1 tasse) de bouillon de boeuf
25	champignons, coupés en deux
5 mL	(1 c. à thé) de pâte de tomates
30 mL	(2 c. à soupe) de fécule de maïs
45 mL	(3 c. à soupe) d'eau froide
	une pincée d'estragon
	sel et poivre

Mettre les oignons, le persil, l'ail et le bacon dans l[e] plat ; faire cuire, sans couvrir, pendant 6 minutes [à] réglage FORT.

Retirer la peau des morceaux de poulet.

Sur une cuisinière ordinaire, faire chauffer l'huil[e] d'arachide, à feu vif, dans une sauteuse.

Saler, poivrer les morceaux de poulet et les place[r] dans l'huile chaude ; faire saisir le tout 2 ou 3 minu[tes] de chaque côté.

Disposer les morceaux de poulet sur les oignon[s] cuits. Saler et poivrer.

Ajouter le vin, le bouillon de boeuf, la pâte de toma[tes] et les épices ; couvrir avec une pellicule de plasti[que] et faire cuire pendant 12 minutes à réglag[e] MOYEN-FORT.

Retourner les morceaux de poulet. Ajouter le[s] champignons et continuer la cuisson pendant 5 mi[nutes] à réglage MOYEN-FORT.

Retirer les poitrines et les ailerons ; continuer l[a] cuisson des cuisses pendant 10 minutes à réglag[e] MOYEN-FORT.

Disposer tous les morceaux de poulet dans un pla[t] de service et les couvrir d'un papier d'aluminiu[m] pour les garder chauds.

Délayer la fécule de maïs dans l'eau froide et incor[porer] ce mélange à la sauce.

Faire cuire, sans couvrir, pendant 8 minutes à régla[ge] FORT ; remuer la sauce 2 ou 3 fois pendant l[a] cuisson. Servir

2 Le mélange d'oignons est cuit.

3 Placer les morceaux de poulet sur les oignons cuits.

4 Ajouter le vin rouge.

5 Ajouter le bouillonde boeuf. →

Technique du poulet au vin rouge (suite)

6 Ajouter les épices.

Poitrines de poulet à la bourguignonne

(pour 4 personnes)

Préparation des poitrines de poulet

Réglage: MOYEN-FORT et FORT
Temps de cuisson: 32 minutes
Contenant: plat micro-ondes de 2 litres

2	poitrines de poulet, désossées, sans la peau et coupées en deux
375 mL	(1½ tasse) de bouillon de poulet chaud
500	(2 tasses) de sauce bourguignonne (recette ci-dessous)
	persil haché

Mettre les poitrines de poulet dans le plat. Saler, poivrer et ajouter le bouillon de poulet chaud.

Couvrir avec une pellicule de plastique; faire cuire pendant 11 minutes à réglage MOYEN-FORT.

Retirer du four et laisser reposer le poulet dans le liquide de cuisson de 10 à 12 minutes.

Préparation de la sauce bourguignonne

4	tranches de bacon, coupées en dés
15 mL	(1 c. à soupe) de persil haché
1	oignon, haché
1	gousse d'ail, écrasée et hachée
20	champignons, lavés et coupés en dés
375 mL	(1½ tasse) de vin rouge sec
375 mL	(1½ tasse) de bouillon de boeuf chaud
5 mL	(1 c. à thé) de sauce soya
45 mL	(3 c. à soupe) de fécule de maïs
60 mL	(4 c. à soupe) d'eau froide
	quelques gouttes de jus de citron
	sel et poivre

Mettre le bacon, le persil, les oignons, l'ail et champignons dans le plat.

Faire cuire, sans couvrir, pendant 10 minutes à glage FORT.

Verser le vin dans une petite casserole et, sur l'é ment de la cuisinière, l'amener à ébullition; faire duire le vin des deux tiers à chaleur maximum.

Verser le vin dans le plat contenant les champign cuits; ajouter le bouillon de boeuf chaud et méla ger le tout avec un fouet de cuisine.

Délayer la fécule de maïs dans l'eau froide et inc porer ce mélange à la sauce; remuer le tout avec fouet de cuisine.

Ajouter la sauce soya; assaisonner au goût.

Faire cuire, sans couvrir, pendant 10 minutes, à glage FORT; remuer la sauce 2 ou 3 fois pendant cuisson.

Placer les poitrines de poulet dans la sauce; fa réchauffer le tout au four micro-ondes pendant 1 r nute à réglage FORT.

Parsemer de persil haché; ajouter le jus de citron servir.

Poulet aux champignons

(pour 4 personnes)

Réglage: FORT et MOYEN-FORT
Temps de cuisson: 31 minutes dans le micro-ondes
Contenant: plat micro-ondes
30 x 20 x 5 cm (11¾ x 7½ x 1½ po)

30 mL	(2 c. à soupe) d'huile d'arachide
1	oignon, haché
1	gousse d'ail, écrasée et hachée
15 mL	(1 c. à soupe) de persil haché
5 mL	(1 c. à thé) de beurre
1	poulet de 1,4 à 1,6 kg (3 à 3½ lb), coupé en 8 morceaux
1 mL	(¼ c. à thé) d'estragon
375 mL	(1½ tasse) de vin blanc sec, réduit de moitié sur l'élément de la cuisinière
375 mL	(1½ tasse) de bouillon de boeuf chaud
15 mL	(1 c. à soupe) de pâte de tomates
15 mL	(1 c. à soupe) de sauce soya
227 g	(½ lb) de champignons, lavés et coupés en deux
30 mL	(2 c. à soupe) de fécule de maïs
45 mL	(3 c. à soupe) d'eau froide
	persil haché
	sel et poivre

Mettre le beurre, le persil, les oignons et l'ail dans le plat; couvrir avec une pellicule de plastique et faire cuire pendant 4 minutes à réglage FORT.

Retirer la peau du poulet.

Saler et poivrer les morceaux de poulet.

Sur une cuisinière ordinaire, faire chauffer, à feu vif, l'huile dans une sauteuse.

Placer les morceaux de poulet dans l'huile chaude et les saisir 2 ou 3 minutes de chaque côté.

Placer les morceaux de poulet sur les oignons cuits.

Ajouter le vin, le bouillon de boeuf et la pâte de tomates; assaisonner au goût et bien mélanger le tout.

Délayer la fécule de maïs dans l'eau froide et incorporer ce mélange à la sauce.

Ajouter la sauce soya; couvrir avec une pellicule de plastique et faire cuire pendant 12 minutes à réglage MOYEN-FORT.

Après 12 minutes de cuisson, retourner les morceaux de poulet.

Ajouter les champignons; couvrir avec une pellicule de plastique et faire cuire pendant 5 minutes à réglage MOYEN-FORT.

Retirer les poitrines et les ailerons du plat. Prolonger la cuisson des cuisses pendant 10 minutes à réglage MOYEN-FORT. Servir.

Voir technique à la page suivante.

Technique du poulet aux champignons

1 Un poulet coupé en 8 morceaux.

2 Voici les morceaux de poulet saisis dans l'huile chaude.

5 Ajouter le bouillon de boeuf.

6 Ajouter la pâte de tomates.

3 Placer les morceaux de poulet sur les oignons cuits.

4 Ajouter la réduction de vin blanc.

7 Ajouter les champignons.

Poulet chasseur

Poulet sauce chasseur

(pour 4 personnes)

réglage: FORT et MOYEN-FORT
Temps de cuisson: 31 minutes dans le micro-ondes
Contenant: plat micro-ondes
de 30 x 20 x 5 cm (11¾ x 7½ x 1¾ po)

5 mL	(1 c. à thé) de beurre
30 mL	(2 c. à soupe) d'huile d'arachide
1	oignon, haché
1	gousse d'ail, écrasée et hachée
15 mL	(1 c. à soupe) de persil haché
1	poulet de 1,4 à 1,6 kg (3 à 3½ lb), coupé en 8 morceaux
1	boîte de tomates de 796 mL (28 oz), égouttées et hachées
50 mL	(1 tasse) de bouillon de boeuf
25 mL	(½ tasse) de vin blanc sec (facultatif), réduit de moitié sur l'élément de la cuisinière
15 mL	(1 c. à soupe) de pâte de tomates
15 mL	(1 c. à soupe) de fécule de maïs
30 mL	(2 c. à soupe) d'eau froide
	sel et poivre

Mettre le beurre, le persil, les oignons et l'ail dans le plat; couvrir et faire cuire pendant 4 minutes à réglage FORT.

Retirer la peau de morceaux de poulet.

Sur une cuisinière ordinaire, faire chauffer, à feu vif, l'huile dans une sauteuse.

Saler, poivrer les morceaux de poulet et les placer dans l'huile chaude; faire saisir le tout 2 ou 3 minutes de chaque côté.

Placer les morceaux de poulet sur les oignons cuits. Ajouter les tomates, le bouillon de boeuf, le vin et la pâte de tomates.

Couvrir avec une pellicule de plastique; faire cuire pendant 12 minutes à réglage MOYEN-FORT.

Retourner les morceaux de poulet, couvrir et continuer la cuisson pendant 5 minutes à réglage MOYEN-FORT.

Retirer les poitrines et les ailerons du plat; prolonger la cuisson des cuisses pendant 10 minutes à réglage MOYEN-FORT.

Disposer tous les morceaux de poulet dans un plat de service et les couvrir d'un papier d'aluminium pour les garder chauds.

Verser la sauce dans une casserole; épicer au goût.

Délayer la fécule de maïs dans l'eau froide et incorporer ce mélange à la sauce.

Faire cuire la sauce sur l'élément de la cuisinière ordinaire, à feu vif, 3 ou 4 minutes.

Verser sur les morceaux de poulet et servir.

Technique

1 Mettre le beurre, le persil, les oignons et l'ail dans un plat; couvrir et faire cuire pendant 4 minutes. Voici les ingrédients cuits.

→

Technique du poulet sauce chasseur (suite)

2 Placer les morceaux de poulet saisis dans l'huile chaude sur les oignons cuits.

3 Ajouter les tomates hachées.

5 Ajouter la réduction de vin et la pâte de tomates.

6 Après 12 minutes de cuisson, retourner les mo ceaux de poulet.

Poulet sauté en cocotte

(pour 4 personnes)

4 Ajouter le bouillon de boeuf.

Réglage: FORT et MOYEN-FORT
Temps de cuisson: 28 minutes dans le micro-ondes
Contenant: plat micro-ondes
de 30 x 20 x 5 cm (11¾ x 7½ x 1¾ po)

30 mL	(2 c. à soupe) d'huile d'olive
1	oignon, haché
1	gousse d'ail, écrasée et hachée
5 mL	(1 c. à thé) de beurre
1	poulet de 1,4 à 1,6 kg (3 à 3½ lb), coupé en 8 morceaux
375 mL	(1½ tasse) de vin blanc sec, réduit de moitié
375 mL	(1½ tasse) de pommes de terre à la parisienne
4	carottes, coupées en bâtonnets
20	petits oignons blancs
	persil haché
	jus de citron
	farine
	sel et poivre

Mettre les oignons, l'ail et le beurre dans le plat; couvrir avec une pellicule de plastique et faire cuire pendant 4 minutes à réglage FORT.

Sur une cuisinière ordinaire, faire chauffer l'huile, à feu vif, dans une sauteuse.

Retirer la peau des morceaux de poulet.

Saler, poivrer et enfariner les morceaux de poulet.

Placer le poulet dans l'huile chaude; faire saisir le tout 3 ou 4 minutes de chaque côté.

Placer les morceaux de poulet sur les oignons cuits.

Ajouter le vin; couvrir et faire cuire pendant 12 minutes à réglage MOYEN-FORT.

Retourner les morceaux de poulet; ajouter les pommes de terre, les carottes et les petits oignons blancs.

Couvrir et faire cuire pendant 5 minutes à réglage MOYEN-FORT.

Retirer les ailerons et les poitrines; continuer la cuisson des cuisses pendant 7 minutes à réglage MOYEN-FORT. Servir.

Poissons
et crustacés

Coquilles Saint-Jacques au fromage

(pour 4 personnes)

Réglage: FORT
Temps de cuisson: 10 minutes
Contenant: plat micro-ondes de 2 litres

454 g	(1 lb) de grosses pétoncles fraîches*
2	échalotes, hachées
30 mL	(2 c. à soupe) de beurre
37 mL	(2½ c. à soupe) de farine
50 mL	(¼ tasse) de vin blanc sec
15 mL	(1 c. à soupe) de persil haché
114 g	(¼ lb) de champignons frais, lavés et émincés
250 mL	(1 tasse) de lait chaud
50 mL	(¼ tasse) de crème de table à 18%, chaude
125 mL	(½ tasse) de fromage gruyère râpé
	quelques gouttes de sauce Tabasco
	quelques gouttes de jus de citron
	sel et poivre

Mettre 15 mL (1 c. à soupe) de beurre dans le plat; ajouter les échalotes, le persil, les champignons et les pétoncles; saler et poivrer; arroser le tout de jus de citron.

Mélanger les ingrédients et ajouter le vin blanc.

Couvrir avec une pellicule de plastique; faire cuire 2 minutes.

Remuer et continuer la cuisson pendant 2 minutes.

Remuer, couvrir et faire cuire 1 minute.

Retirer les pétoncles du plat. Mettre de côté.

Ajouter 15 mL (1 c. à soupe) de beurre dans le plat contenant les champignons; mélanger et faire cuire 30 secondes pour permettre au beurre de fondre.

Ajouter la farine; bien l'incorporer en mélangeant après chaque cuillerée.

Incorporer le lait et la crème au mélange tout en remuant avec un fouet.

Assaisonner au goût; faire cuire, sans couvrir, pendant 4 minutes, tout en remuant à toutes les minutes.

Ajouter la moitié du fromage râpé; faire cuire, sans couvrir, pendant 30 secondes.

Ajouter les pétoncles et mélanger le tout.

Répartir ce mélange dans des coquilles et parsemer le tout de fromage râpé.

Faire gratiner, sous le gril (broil) de la cuisinière ordinaire, pendant 4 minutes. Servir.

*Si vous utilisez de petites pétoncles, réduisez le temps de cuisson de 1 minute.

Coquilles de flétan

(pour 4 personnes)

Réglage: FORT
Temps de cuisson: 7 minutes
Contenant: plat micro-ondes de 2 litres

30 mL	(2 c. à soupe) de beurre
114 g	(¼ lb) de champignons frais, lavés et coupés en dés
2	échalotes, hachées
1	grand steak de flétan poché, défait en gros morceaux
250 mL	(1 tasse) de lait chaud
125 mL	(½ tasse) de crème de table à 18%, chaude
37 mL	(2½ c. à soupe) de farine
125 mL	(½ tasse) de fromage mozzarella râpé
	sel et poivre de Cayenne
	jus de citron

Mettre 15 mL (1 c. à soupe) de beurre dans le plat; ajouter les échalotes et les champignons; arroser le tout de jus de citron.

Couvrir avec une pellicule de plastique; faire cuire 2 minutes.

Remuer et ajouter le reste du beurre; mélanger de nouveau.

Ajouter la farine tout en mélangeant entre chaque cuillerée.

Ajouter le lait et la crème; incorporer le tout.

Faire cuire, sans couvrir, pendant 4 minutes en remuant le mélange à toutes les minutes.

Cuisson
des crevettes

Réglage: FORT
Temps de cuisson: 4 minutes
Contenant: plat micro-ondes de 2 litres

454 g	(1 lb) de crevettes de grosseur moyenne
250 mL	(1 tasse) d'eau chaude
	quelques gouttes de jus de citron

Mettre les crevettes, l'eau et le jus de citron dans le plat.

Couvrir avec une pellicule de plastique; faire cuire 3 minutes.

Bien remuer en ayant soin de ramener les crevettes qui se trouvent au centre sur les côtés.

Prolonger la cuisson de 1 minute.

Couvrir le plat et laisser reposer les crevettes 7 ou 8 minutes dans le jus de cuisson.

Passer le plat sous l'eau froide; garder au réfrigérateur.

Crevettes
à la Newburg

(pour 2 personnes)

Réglage: FORT
Temps de cuisson: 11 minutes
Contenant: plat micro-ondes de 2 litres

30 mL	(2 c. à soupe) de beurre
2	échalotes, hachées
114 g	(¼ lb) de champignons frais, lavés et coupés en dés
454 g	(1 lb) de crevettes de grosseur moyenne, cuites et décortiquées
125 mL	(½ tasse) de homard cuit, en dés
375 mL	(1½ tasse) de crème à 15%, chaude
5 mL	(1 c. à thé) de paprika
30 mL	(2 c. à soupe) de xérès
30 mL	(2 c. à soupe) de farine
1	jaune d'oeuf
15 mL	(1 c. à soupe) de crème à 35%
	quelques gouttes de jus de citron
	sel et poivre

Mettre 15 mL (1 c. à soupe) de beurre dans le plat; ajouter les champignons et les échalotes; saler, poivrer et arroser le tout de jus de citron.

Couvrir avec une pellicule de plastique; faire cuire 2 minutes.

Ajouter le reste du beurre, les crevettes, le xérès et le paprika; saler et poivrer.

Faire cuire, sans couvrir, pendant 2 minutes; mélanger le tout.

Retirer les crevettes et les mettre de côté.

Mettre la farine dans le plat tout en mélangeant après chaque cuillerée.

Ajouter la crème chaude, et mélanger le tout.

Faire cuire, sans couvrir, pendant 4 minutes tout en remuant à toutes les minutes.

Mélanger le jaune d'oeuf et la crème à 35%; incorporer ce mélange à la sauce; faire cuire, sans couvrir, pendant 2 minutes.

Ajouter les morceaux de homard et les crevettes, mélanger et faire cuire 30 secondes.

Servir en coquilles ou sur des vol-au-vent.

Ajouter la moitié du fromage râpé; mélanger le tout.

Ajouter les morceaux de flétan; saler, poivrer et ajouter le poivre de Cayenne.

Faire cuire, sans couvrir, pendant 1 minute.

Disposer le mélange de flétan dans des coquilles; parsemer le tout de fromage râpé.

Faire gratiner 3 ou 4 minutes sous le gril (broil) de la cuisinière ordinaire, Servir.

Filets de sole aux tomates

Filets de sole aux tomates

(pour 4 personnes)

Réglage: FORT
Temps de cuisson: 13 minutes
Préparation: plat micro-ondes de 2 litres

15 mL	(1 c. à soupe) de beurre
30 mL	(2 c. à soupe) d'oignon haché
15 mL	(1 c. à soupe) de persil haché
2 mL	(½ c. à thé) d'estragon
1	boîte de tomates de 796 mL (28 oz), égouttées et hachées
4	grands filets de sole
125 mL	(½ tasse) de fromage gruyère râpé
	une pincée d'origan
	quelques gouttes de jus de citron
	sel et poivre

Mettre le beurre, les oignons et les épices dans le plat; couvrir avec une pellicule de plastique et faire cuire 3 minutes.

Ajouter les tomates hachées; saler et poivrer; faire cuire, sans couvrir, pendant 3 minutes.

Beurrer un autre plat à micro-ondes et y disposer les filets.

Arroser le tout de jus de citron; saler et poivrer.

Ajouter le persil haché.

Recouvrir le tout du mélange de tomates et parsemer de fromage râpé; couvrir et faire cuire 7 minutes.

À la moitié du temps de cuisson, tourner le plat d'un demi-tour.

Laisser reposer le plat 3 ou 4 minutes dans le four, une fois la cuisson terminée. Servir.

Technique

1 Mettre le beurre, les oignons et les épices dans un plat à micro-ondes; couvrir et faire cuire 3 minutes.

2 Ajouter les tomates; faire cuire, sans couvrir, pendant 3 minutes; saler et poivrer.

→

Technique des filets de sole aux tomates (suite)

3 Placer les filets de sole dans un plat beurré; arroser le tout de jus de citron et parsemer de persil haché.

4 Recouvrir le poisson avec le mélange de tomates.

5 Parsemer de fromage râpé; couvrir et faire cuire pendant 7 minutes.

Flétan poché au beurre

(pour 2 personnes)

Réglage: FORT
Temps de cuisson: 5 minutes
Contenant: plat à tarte micro-ondes de 1,5 litre

1	échalote, hachée
1	grand steak de flétan, coupé en deux
15 mL	(1 c. à soupe) de beurre
5 mL	(1 c. à thé) de persil haché
50 mL	(¼ tasse) de vin blanc sec
50 mL	(¼ tasse) d'eau
	quelques gouttes de jus de citron
	sel et poivre

Mettre le beurre dans le plat à tarte; ajouter les échalotes, le flétan et le persil haché; arroser le tout de jus de citron.

Saler et poivrer; ajouter l'eau et le vin.

Couvrir avec une pellicule de plastique; faire cuire 3 minutes.

Retourner le poisson, couvrir et continuer la cuisson pendant 2 minutes.

Servir avec un beurre fondu.

Homard à la Newburg

(pour 2 personnes)

Réglage: FORT
Temps de cuisson: 11 minutes
Contenant: plat micro-ondes de 2 litres

30 mL	(2 c. à soupe) de beurre
2	échalotes, hachées
114 g	(¼ lb) de champignons frais, lavés et coupés en dés
1	homard cuit de 907 g (2 lb), coupé en morceaux de 2,5 cm (1 po)
375 mL	(1½ tasse) de crème à 15%, chaude
5 mL	(1 c. à thé) de paprika
30 mL	(2 c. à soupe) de xérès
30 mL	(2 c. à soupe) de farine
1	jaune d'oeuf
15 mL	(1 c. à soupe) de crème à 35%
	quelques gouttes de jus de citron
	sel et poivre

Mettre 15 mL (1 c. à soupe) de beurre dans le plat; ajouter les champignons et les échalotes; saler, poivrer et arroser le tout de jus de citron.

Couvrir avec une pellicule de plastique; faire cuire 2 minutes.

Ajouter le reste du beurre, les morceaux de homard, le xérès et le paprika; saler et poivrer.

Faire cuire, sans couvrir, pendant 2 minutes.

Mélanger le tout.

Retirer les morceaux de homard et les mettre de côté.

Mettre la farine dans le plat tout en mélangeant après chaque cuillerée.

Ajouter la crème chaude et mélanger de nouveau.

Faire cuire, sans couvrir, pendant 4 minutes tout en remuant à toutes les minutes.

Mélanger le jaune d'oeuf et la crème à 35%; incorporer ce mélange à la sauce; faire cuire, sans couvrir, pendant 2 minutes.

Ajouter les morceaux de homard, mélanger et faire cuire 30 secondes.

Servir en coquilles ou sur des vol-au-vent.

Moules à la marinière

(pour 2 personnes)

Réglage: FORT
Temps de cuisson: 12 minutes
Contenant: plat micro-ondes de 2 litres

907 g	(2 lb) de moules, lavées et bien brossées
30 mL	(2 c. à soupe) de beurre
30 mL	(2 c. à soupe) de persil, haché
30 mL	(2 c. à soupe) d'échalotes hachées
30 mL	(2 c. à soupe) de vin blanc sec
50 mL	(¼ tasse) de fond de poisson*
15 mL	(1 c. à soupe) de farine
50 mL	(¼ tasse) de crème à 35%
	quelques gouttes de jus de citron
	sel et poivre du moulin

Mettre les moules dans le plat; ajouter 15 mL (1 c. à soupe) de beurre, de persil et d'échalotes; ajouter le vin et le fond de poisson.

Arroser le tout de jus de citron; saler et poivrer.

Couvrir avec une pellicule de plastique; faire cuire 3 minutes.

Bien mélanger les moules, couvrir et prolonger la cuisson pendant 3 minutes.

Retirer le plat du four. Laisser reposer les moules dans le jus de cuisson 3 ou 4 minutes (le plat doit être couvert).

Retirer les moules de leur coquille. Mettre de côté.

Passer le jus de cuisson au tamis.

Mettre 15 mL (1 c. à soupe) de beurre, de persil et d'échalotes dans un plat.

Couvrir avec une pellicule de plastique; faire cuire 2 minutes.

Ajouter la farine et bien incorporer le tout.

Ajouter le jus de cuisson des moules, puis la crème; faire cuire, sans couvrir, pendant 2 minutes, tout en mélangeant à toutes les minutes.

Prolonger la cuisson de 2 minutes.

Remuer le tout et ajouter les moules. Laisser reposer dans la sauce pendant 1 minute. Servir

*Voir la recette dans ce livre.

Filets de turbot au vin

(pour 4 personnes)

Technique

1 Mettre le beurre, les échalotes, le persil et le jus de citron dans un plat.

Réglage: FORT
Temps de cuisson: 9 minutes
Contenant: plat micro-ondes de 2 litres

15 mL	(1 c. à soupe) de beurre
2	échalotes, hachées
15 mL	(1 c. à soupe) de persil haché
4	filets de turbot de grosseur moyenne
50 mL	(¼ tasse) de vin blanc sec
227 g	(½ lb) de champignons frais, coupés en dés
4	rondelles de citron
4	rondelles d'ananas
	jus d'un demi citron
	sel et poivre

Mettre le beurre, les échalotes, le persil et le jus de citron dans le plat.

Disposer les filets de turbot sur les échalotes; saler et poivrer.

Ajouter le vin blanc, les rondelles de citron et corriger l'assaisonnement.

Couvrir avec une pellicule de plastique; faire cuire 3 minutes.

Ajouter les champignons et les rondelles d'ananas.

Couvrir et faire cuire pendant 6 minutes; tourner le plat d'un demi-tour après 3 minutes de cuisson. Servir.

3 Ajouter les champignons.

Saumon poché

(pour 2 personnes)

Réglage : FORT
Temps de cuisson : 8 minutes dans le micro-ondes
Contenant : plat micro-ondes de 1,5 litre

2	steaks de saumon, de 1,2 cm (½ po) d'épaisseur
1	échalote, émincée
15 mL	(1 c. à soupe) de beurre
2	branches de persil
50 mL	(¼ tasse) d'eau
2	rondelles de beurre à l'ail
	quelques gouttes de jus de citron
	poivre du moulin

Rincer les steaks de saumon sous l'eau froide.

Mettre le beurre, le persil, le jus de citron et l'eau dans le plat ; poivrer et ajouter les échalotes.

Couvrir avec une pellicule de plastique ; faire cuire au four 2 minutes.

Ajouter le saumon ; couvrir et faire cuire 3 minutes.

Retourner le saumon ; couvrir et prolonger la cuisson de 3 minutes.

Retourner le saumon de nouveau et le laisser reposer dans le jus de cuisson 3 ou 4 minutes (le plat doit être couvert).

Note : si le saumon a 1,8 cm (¾ po) d'épaisseur, finir la cuisson à réglage MOYEN-FORT pendant 1 minute.

Placer les steaks de saumon dans un plat allant au four.

Disposer une rondelle de beurre à l'ail sur chaque steak.

Faire cuire 3 ou 4 minutes sous le gril (broil) de la cuisinière ordinaire.

Arroser le tout de jus de citron. Servir.

Placer les filets de turbot sur les échalotes ; ajouter les rondelles de citron et le vin blanc sec.

Ajouter les tranches d'ananas ; saler et poivrer.

Légumes

Aubergine au gratin

Aubergine au gratin

(pour 2 personnes)

Réglage: FORT
Temps de cuisson: 33 minutes
Contenant: plat micro-ondes carré de 2 litres

1	oignon, haché
1	grosse aubergine
30 mL	(2 c. à soupe) d'huile
1	courgette, émincée
2	tomates, coupées en gros cubes
1	gousse d'ail, écrasée et hachée
15 mL	(1 c. à soupe) de pâte de tomates
50 mL	(¼ tasse) de fromage gruyère râpé
	une pincée d'origan
	sel et poivre

Couper l'aubergine en deux, dans le sens de la longueur, et, à l'aide d'un petit couteau d'office, faire des incisions dans la chair.

Badigeonner la chair d'huile; faire cuire au four, sans couvrir, pendant 12 minutes; mettre de côté.

Verser 15 mL (1 c. à soupe) d'huile dans le plat; ajouter les oignons; couvrir avec une pellicule de plastique et faire cuire pendant 4 minutes.

Ajouter les légumes, l'ail et l'origan.

Retirer la chair des aubergines cuites en prenant soin de ne pas briser la pelure.

Hacher la chair et l'ajouter au plat contenant les légumes.

Saler et poivrer; ajouter la pâte de tomates; bien mélanger le tout.

Couvrir avec une pellicule de plastique; faire cuire pendant 15 minutes.

Remplir les pelures d'aubergine avec le mélange et les parsemer de fromage râpé.

Faire cuire, sans couvrir, pendant 2 minutes. Servir.

Technique

1 La chair de l'aubergine doit être bien cuite avant de la retirer.

2 Mettre le fromage râpé sur les aubergines et continuer la cuisson au micro-ondes. Il est à noter que le fromage fondra mais ne deviendra pas doré.

Cuisson des asperges

Réglage: FORT
Temps de cuisson: 12 minutes
Contenant: plat micro-ondes rectangulaire de 2 litres

454 g	(1 lb) d'asperges
125 mL	(½ tasse) d'eau
	sel

Peler les asperges et les disposer dans le plat; ajouter l'eau et le sel.

Couvrir avec une pellicule de plastique; faire cuire 6 minutes.

Tourner le plat d'un demi-tour; continuer la cuisson pendant 6 minutes.

Note: si les asperges sont très grosses, prolonger la cuisson de 1½ minute.

Asperges au fromage
(pour 2 personnes)

Réglage: FORT
Temps de cuisson: 19 minutes
Contenant: plat micro-ondes rectangulaire de 2 litres

454 g	(1 lb) d'asperges
125 mL	(½ tasse) d'eau
30 mL	(2 c. à soupe) de beurre
15 mL	(1 c. à soupe) de persil haché
15 mL	(1 c. à soupe) d'oignon haché
37 mL	(2½ c. à soupe) de farine
375 mL	(1½ tasse) de lait
45 mL	(3 c. à soupe) de fromage mozzarella râpé
	sel et poivre

Peler les asperges et les disposer dans le plat; ajouter l'eau et le sel.

Couvrir avec une pellicule de plastique; faire cuire 6 minutes.

Tourner le plat d'un demi-tour; continuer la cuisson pendant 6 minutes.

Note: si les asperges sont très grosses, prolonger la cuisson de 1½ minute.

Mettre le beurre, les oignons et le persil dans un bol.

Couvrir avec une pellicule de plastique; faire cuire 2 minutes.

Ajouter la farine tout en remuant avec un fouet après l'addition de chaque cuillerée.

Ajouter le lait, remuer, saler et poivrer.

Faire cuire, sans couvrir, pendant 4 minutes, tout en mélangeant à toutes les minutes.

Ajouter le fromage râpé, mélanger et prolonger la cuisson de 30 secondes.

Verser sur les asperges chaudes.

Asperges en vinaigrette

(pour 2 personnes)

Réglage: FORT
Temps de cuisson: 12 minutes
Contenant: plat micro-ondes rectangulaire de 2 litres

54 g	(1 lb) d'asperges
25 mL	(½ tasse) d'eau
15 mL	(1 c. à soupe) de moutarde de Dijon
15 mL	(1 c. à soupe) d'échalotes hachées
1	jaune d'oeuf
15 mL	(1 c. à soupe) de persil haché
45 mL	(3 c. à soupe) de vinaigre de vin
35 mL	(9 c. à soupe) d'huile
	quelques gouttes de jus de citron
	sel et poivre

Peler les asperges et les disposer dans le plat; ajouter l'eau et le sel.

Couvrir d'une pellicule de plastique; faire cuire 6 minutes.

Tourner le plat d'un demi-tour; continuer la cuisson pendant 6 minutes.

Note: si les asperges sont très grosses, prolonger la cuisson de 1¼ minute.

Mettre la moutarde, les échalotes, l'oeuf et le persil dans un bol. Saler, poivrer et mélanger le tout.

Ajouter le vinaigre; mélanger de nouveau.

Ajouter l'huile en filet tout en mélangeant constamment avec un fouet de cuisine.

Arroser le tout de jus de citron.

Servir sur des asperges chaudes ou froides.

Carottes à la cassonade

(pour 4 personnes)

Réglage: FORT
Temps de cuisson: 6 minutes
Contenant: plat micro-ondes de 2 litres

5	carottes, pelées et coupées en rondelles de 0,65 cm (¼ po)
125 mL	(½ tasse) de bouillon de poulet chaud
30 mL	(2 c. à soupe) de persil haché
15 mL	(1 c. à soupe) de cassonade
15 mL	(1 c. à soupe) de beurre
	quelques gouttes de jus de citron
	sel et poivre

Mettre les carottes dans le plat; ajouter le bouillon de poulet, le persil haché et la cassonade; saler et poivrer.

Couvrir avec une pellicule de plastique; faire cuire pendant 6 minutes.

Ajouter le beurre et arroser le tout de jus de citron. Servir.

Cuisson des champignons

(pour 4 personnes)

Réglage: FORT
Temps de cuisson: 10 minutes
Contenant: plat micro-ondes de 2 litres

570 g	(1½ lb) de champignons frais entiers, lavés.
30 mL	(2 c. à soupe) de beurre
125 mL	(½ tasse) d'eau
	jus de 1 citron
	sel et poivre

Mettre tous les ingrédients dans le plat; couvrir avec une pellicule de plastique et faire cuire pendant 10 minutes.

Après les 5 premières minutes de cuisson, bien mêler les champignons et continuer la cuisson.

Laisser refroidir les champignons dans le liquide de cuisson.

Note: on peut conserver les champignons dans leur liquide 5 ou 6 jours au réfrigérateur.

Chou braisé au bacon

(pour 4 personnes)

Réglage: FORT
Temps de cuisson: 13 minutes
Contenant: plat micro-ondes de 2 litres

1	chou vert, lavé et coupé en 6 morceaux
125 mL	(½ tasse) d'eau
4	tranches de bacon croustillant, coupé en dés
	quelques gouttes de jus de citron
	sel et poivre

Placer les morceaux de chou dans un plat; ajouter l'eau et saler.

Couvrir avec une pellicule de plastique; faire cuire 13 minutes.

Laisser reposer; arroser le tout de jus de citron; servir avec des dés de bacon croustillant.

Technique

1 Mettre les champignons dans un plat et ajouter tous les autres ingrédients.

2 Voici le produit fini.

Technique

1 Placer les morceaux de chou dans un plat.

2 Lorsque les morceaux de chou sont cuits, les arroser de jus de citron et les parsemer de bacon croustillant.

Épinards au beurre

(pour 4 personnes)

Réglage : FORT
Temps de cuisson : 5 minutes
Contenant : plat micro-ondes de 2 litres

4	paquets d'épinards frais
30 mL	(2 c. à soupe) de beurre
	quelques gouttes de jus de citron
	sel et poivre

Laver les épinards mais ne pas les assécher ; retirer les tiges.

Placer les épinards dans le plat ; saler et couvrir avec une pellicule de plastique ; faire cuire pendant 5 minutes.

Ôter le plat du four et laisser reposer les épinards pendant 3 minutes.

Retirer le liquide de cuisson ; ajouter le beurre et arroser le tout de jus de citron. Servir.

Note : on peut conserver les épinards 2 jours au réfrigérateur de la façon suivante : essorer les épinards cuits et former une boule ; couvrir avec une pellicule de plastique et réfrigérer.

Technique

1 Bien laver les épinards à l'eau froide.

3 Dès que les épinards sont cuits, retirer le liquide de cuisson et ajouter le beurre ; arroser le tout de jus de citron.

2 Placer les épinards dans un plat et les recouvrir d'une pellicule de plastique.

4 Pour conserver les épinards au réfrigérateur, bien les essorer et les recouvrir d'une pellicule de plastique.

Petits pois
à la française

(pour 2 personnes)

Réglage : FORT
Temps de cuisson : 15 minutes
Contenant : plat micro-ondes de 2 litres

227 g	(½ lb) de petits pois frais
30 mL	(2 c. à soupe) de beurre
1	petit oignon, coupé en dés
1	petite laitue Boston, lavée et ciselée
2 mL	(½ c. à thé) de sucre
125 mL	(½ tasse) de bouillon de poulet chaud
15 mL	(1 c. à soupe) de fécule de maïs
15 mL	(1 c. à soupe) d'eau froide
	sel et poivre

Mettre 15 mL (1 c. à soupe) de beurre dans le plat; ajouter les oignons; saler et poivrer.

Couvrir avec une pellicule de plastique; faire cuire 3 minutes.

Ajouter la laitue, les petits pois, le sucre et le bouillon de poulet.

Couvrir et faire cuire 3 minutes.

Mélanger le tout et ajouter 15 mL (1 c. à soupe) de beurre.

Faire cuire, sans couvrir, pendant 8 minutes.

Délayer la fécule de maïs dans l'eau froide et incorporer ce mélange à la sauce; remuer le tout.

Faire cuire, sans couvrir, pendant 1 minute. Servir.

Cuisson des haricots verts

(pour 4 personnes)

Technique

Réglage: FORT
Temps de cuisson: 13 minutes
Contenant: plat micro-ondes de 2 litres

454 g	(1 lb) d'haricots verts frais, lavés
250 mL	(1 tasse) d'eau
15 mL	(1 c. à soupe) de beurre
45 mL	(3 c. à soupe) d'arachides et de raisins mélangés, sel

Couper les extrémités des haricots.

Placer les haricots dans le plat; ajouter l'eau et saler.

Couvrir avec une pellicule de plastique; faire cuire pendant 13 minutes.

Retourner les haricots deux fois pendant la cuisson.

Dès que les haricots sont cuits, les égoutter.

Ajouter le beurre et le mélange d'arachides et de raisins. Servir.

1 Placer les haricots dans un plat; ajouter l'eau et saler; couvrir et faire cuire.

2 Retourner les haricots deux fois pendant la cuisson.

3 Servir avec du beurre frais, des arachides et des raisins mélangés.

Ratatouille

(pour 4 personnes)

Réglage: FORT
Temps de cuisson: 29 minutes
Contenant: plat micro-ondes de 2 litres

15 mL	(1 c. à soupe) d'huile
1	oignon, émincé
1	aubergine, pelée et émincée
1	grosse courgette, tranchée
1	boîte de tomates de 796 mL (28 oz), égouttées et hachées
2	gousses d'ail, écrasées et hachées
15 mL	(1 c. à soupe) de pâte de tomates
2 mL	(½ c. à thé) d'origan
15 mL	(1 c. à soupe) de persil haché
	une pincée de thym
	quelques piments rouges broyés
	sel et poivre

Verser l'huile dans le plat; ajouter les oignons.

Couvrir avec une pellicule de plastique; faire cuire pendant 4 minutes.

Ajouter l'aubergine, les courgettes, l'ail et les épices; saler, poivrer et mélanger le tout avec une cuillère en bois.

Couvrir et continuer la cuisson pendant 15 minutes.

Bien mélanger tout en écrasant légèrement les légumes.

Ajouter les tomates et la pâte de tomates.

Faire cuire, sans couvrir, pendant 10 minutes.

Note: la ratatouille accompagne bien un rôti. On peut aussi l'utiliser pour farcir les crêpes, les piments ou les omelettes.

Purée de pommes de terre

(pour 4 personnes)

Réglage: FORT
Temps de cuisson: 15 à 16 minutes
Contenant: sur un papier essuie-mains

5	pommes de terre de grosseur moyenne, lavées*
30 mL	(2 c. à soupe) de beurre
175 mL	(¾ tasse) de lait chaud
	sel et poivre
	muscade

Percer les pommes de terre à l'aide d'un couteau d'office.

Placer une feuille de papier essuie-mains dans le fond du four micro-ondes.

Mettre les pommes de terre** sur la feuille de papier essuie-mains; faire cuire 15 ou 16 minutes.

Retourner les pommes de terre une fois pendant la cuisson.

Dès que les pommes de terre sont cuites, les peler et les mettre dans un passe-légumes.

Mettre les pommes de terre en purée.

Ajouter le beurre et le lait chaud.

Saler, poivrer et ajouter la muscade; bien incorporer le tout. Servir.

*Il est préférable d'utiliser des pommes de terre nouvelles.

**Pour varier, on peut ajouter du fromage parmesan râpé.

Voir technique à la page suivante.

Technique de la purée de pommes de terre

1 À l'aide d'un couteau d'office, percer les pommes de terre pour permettre à la vapeur de s'échapper pendant la cuisson.

2 Mettre les pommes de terre cuites dans un passe légumes; mettre le tout en purée.

3 Ajouter la muscade; saler, poivrer et ajouter le beurre et le lait chaud.

Légumes à la vapeur

(pour 4 personnes)

Réglage : FORT
Temps de cuisson : 15 minutes
Contenant : plat micro-ondes de 2 litres

4	carottes, coupées en dés
6	oignons verts (retirer la partie verte)
½	navet, pelé et coupé en dés
250 mL	(1 tasse) d'eau froide
15mL	(1 c. à soupe) de beurre
15 mL	(1 c. à soupe) de persil haché
	quelques gouttes de jus de citron
	sel et poivre

Mettre les légumes dans un bol contenant de l'eau froide et les laisser reposer pendant 15 minutes.

Transférer les légumes dans le plat à micro-ondes ; ajouter l'eau froide et saler.

Arroser le tout de jus de citron.

Couvrir avec une pellicule de plastique ; faire cuire 15 minutes.

Remuer les légumes deux fois pendant la cuisson.

Lorsque les légumes sont cuits, les retirer du four et les laisser reposer dans le jus de cuisson pendant 3 minutes.

Égoutter les légumes ; ajouter le beurre et le persil et arroser le tout de jus de citron. Servir.

Technique

1 Mettre les légumes dans un bol contenant de l'eau froide et les laisser reposer pendant 15 minutes.

2 Transférer les légumes dans un plat allant au micro-ondes ; ajouter l'eau et saler ; couvrir avec une pellicule de plastique et faire cuire 15 minutes.

→

Technique des légumes à la vapeur (suite)

3 Égoutter les légumes cuits ; ajouter le beurre et le persil haché ; arroser le tout de jus de citron.

Tomates farcies aux oeufs brouillés

(pour 4 personnes)

Réglage : FORT
Temps de cuisson : 7 minutes
Contenants : pour les tomates : plat à tarte micro-onde
de 1,5 litre
pour les oeufs : plat micro-ondes rond de
litre

2	grosses tomates
4	gros oeufs
15 mL	(1 c. à soupe) de beurre
15 mL	(1 c. à soupe) de crème à 35%
	huile d'olive
	sel et poivre

Couper les tomates en deux, horizontalement.

Creuser l'intérieur en retirant une petite partie de l chair.

Placer les tomates dans le plat à tarte ; saler et poi vrer la cavité ; arroser le tout d'huile.

Couvrir avec une pellicule de plastique ; faire cuire minutes.

Retirer du four et mettre de côté.

Faire fondre le beurre dans le plat rond.

Battre les oeufs dans un bol, avec une fourchette saler et poivrer.

Verser les oeufs battus dans le beurre fondu, mélan ger et faire cuire 2 minutes.

Retirer du four et mélanger de nouveau ; faire cuir 1 minute.

Ajouter la crème et bien mélanger le tout.

Farcir les tomates et servir.

Tomates en sauce

(pour 4 personnes)

Réglage: FORT
Temps de cuisson: 12 minutes
Contenant: plat micro-ondes de 2 litres

5 mL	(1 c. à thé) d'huile d'olive
45 mL	(3 c. à soupe) d'oignon haché
1	branche de céleri, hachée
1	gousse d'ail, écrasée et hachée
1½	boîte de tomates de 796 mL (28 oz), égouttées
1 mL	(¼ c. à thé) d'origan
	une pincée de thym
	une pincée de sucre

Mettre les oignons, l'huile, le céleri et l'ail dans le plat; couvrir avec une pellicule de plastique et faire cuire pendant 2 minutes.

Ajouter les tomates et les épices.

Ajouter le sucre et corriger l'assaisonnement.

Faire cuire, sans couvrir, pendant 10 minutes.

Servir avec une viande blanche.

Tomates au gruyère

(pour 4 personnes)

Réglage: FORT
Temps de cuisson: 4 minutes
Contenant: plat micro-ondes rond de 2 litres

4	grosses tomates, coupées en deux
45 mL	(3 c. à soupe) de biscuits soda, émiettés
15 mL	(1 c. à soupe) de persil haché
1	gousse d'ail, écrasée et hachée
125 mL	(½ tasse) de fromage gruyère râpé
3	tranches de bacon croustillant, hachées
	sel et poivre

Placer les demi-tomates, en cercle, dans le plat rond; saler et poivrer.

Faire cuire, sans couvrir, pendant 2 minutes.

Dans un bol, mélanger les biscuits soda, le persil et l'ail.

Parsemer les tomates du mélange de biscuits.

Saupoudrer le tout de fromage râpé.

Couvrir avec une pellicule de plastique et faire cuire 2 minutes.

Parsemer les tomates de bacon haché et servir.

Riz aux tomates

Riz aux tomates
(pour 4 personnes)

Réglage: FORT
Temps de cuisson: 24 minutes
Contenant: plat micro-ondes rond de 2 litres avec couvercle

5 mL	(1 c. à thé) d'huile
45 mL	(3 c. à soupe) d'oignon haché
1	gousse d'ail, écrasée et hachée
½	boîte de tomates de 796 mL (28 oz), égouttées et hachées
15 mL	(1 c. à soupe) de persil haché
375 mL	(1½ tasse) de bouillon de poulet chaud
250 mL	(1 tasse) de riz à longs grains, lavé et égoutté
	sel et poivre

Mettre l'huile, les oignons, l'ail et les tomates dans le plat.

Ajouter le persil et assaisonner au goût.

Couvrir et faire cuire pendant 4 minutes.

Ajouter le riz et le bouillon de poulet chaud; bien mélanger le tout avec une fourchette et assaisonner au goût.

Couvrir et faire cuire pendant 20 minutes.

Après 10 minutes de cuisson, mélanger le riz avec une fourchette; couvrir et continuer la cuisson.

Dès que le riz est cuit, le laisser reposer dans le micro-ondes 7 ou 8 minutes.

Mélanger le riz avec une fourchette et servir.

Technique

1 Mettre l'huile, les oignons, l'ail, les tomates et le persil dans un plat.

→

Technique du riz aux tomates (suite)

2 Couvrir et faire cuire pendant 4 minutes.

3 Ajouter le riz et mélanger le tout avec une fourchette.

4 Ajouter le bouillon de poulet chaud.

Riz blanc

(pour 4 personnes)

Réglage: FORT
Temps de cuisson: 18 minutes
Contenant: plat micro-ondes rond de 2 litres avec couvercle

250 mL	(1 tasse) de riz à longs grains
500 mL	(2 tasses) d'eau froide
½	feuille de laurier
22 mL	(1½ c. à soupe) de beurre
	sel et poivre blanc

Laver et bien égoutter le riz.

Mettre le riz dans le plat; ajouter l'eau froide, le sel, le poivre et la feuille de laurier; mélanger avec une fourchette.

Couvrir et faire cuire pendant 18 minutes.

Après 10 minutes de cuisson, mélanger le riz avec une fourchette; couvrir et continuer la cuisson.

Dès que le riz est cuit, le laisser reposer dans le micro-ondes 7 ou 8 minutes.

Retirer le riz du four. Ajouter le beurre et mélanger avec une fourchette. Servir.

Riz au cari

(pour 4 personnes)

Réglage: FORT
Temps de cuisson: 21 minutes
Contenant: plat micro-ondes rond de 2 litres avec couvercle

30 mL	(2 c. à soupe) de beurre
45 mL	(3 c. à soupe) d'oignon haché
15 mL	(1 c. à soupe) de poudre de cari (ou plus, selon le goût)
250 mL	(1 tasse) de riz à longs grains, lavé et égoutté
500 mL	(2 tasses) d'eau froide
½	feuille de laurier
	sel et poivre

Mettre 15 mL (1 c. à soupe) de beurre dans le plat; ajouter les oignons et la poudre de cari.

Couvrir et faire cuire pendant 3 minutes.

Ajouter le riz et mélanger le tout.

Ajouter l'eau froide, la feuille de laurier; saler et poivrer.

Couvrir et faire cuire pendant 18 minutes.

Après 10 minutes de cuisson, mélanger le riz avec une fourchette; couvrir et continuer la cuisson.

Dès que le riz est cuit, le laisser reposer dans le micro-ondes 7 ou 8 minutes.

Ajouter le reste du beurre, mélanger avec une fourchette et servir.

Riz au parmesan

(pour 4 personnes)

Réglage: FORT
Temps de cuisson: 18 minutes
Contenant: plat micro-ondes rond
              de 2 litres avec couvercle

250 mL	(1 tasse) de riz à longs grains
500 mL	(2 tasses) d'eau froide
½	feuille de laurier
22 mL	(1½ c. à soupe) de beurre
125 mL	(½ tasse) de fromage parmesan râpé
	sel et poivre blanc

Laver et égoutter le riz.

Placer le riz dans le plat; ajouter l'eau froide, le sel, le poivre et la feuille de laurier; mélanger avec une fourchette.

Couvrir et faire cuire pendant 18 minutes.

Après 10 minutes de cuisson, remuer le riz avec une fourchette; couvrir et continuer la cuisson.

Dès que le riz est cuit, retirer le couvercle et ajouter le fromage râpé; mélanger le tout avec une fourchette.

Remettre le couvercle et laisser reposer le riz dans le micro-ondes 7 ou 8 minutes.

Ajouter le beurre, mélanger le riz avec une fourchette et servir.

Riz aux champignons

(pour 4 personnes)

Réglage: FORT
Temps de cuisson: 21 minutes
Contenant: plat rond micro-ondes
              de 2 litres avec couvercle

30 mL	(2 c. à soupe) de beurre
2	échalotes, hachées
227 g	(½ lb) de champignons, coupés en dés
250 mL	(1 tasse) de riz à longs grains, lavé et bien égoutté
500 mL	(2 tasses) de bouillon de poulet chaud
½	feuille de laurier
15 mL	(1 c. à soupe) de persil haché
	quelques gouttes de jus de citron
	sel et poivre

Mettre 15 mL (1 c. à soupe) de beurre dans le plat; ajouter les échalotes et les champignons.

Saler, poivrer et ajouter le jus de citron; couvrir et faire cuire pendant 3 minutes.

Retirer le plat du four, enlever les champignons et les mettre de côté.

Mettre le riz dans le plat; ajouter le bouillon de poulet et la feuille de laurier.

Saler et poivrer; couvrir et faire cuire pendant 18 minutes.

Après 10 minutes de cuisson, mélanger le riz avec une fourchette.

Trois minutes avant la fin de la cuisson, ajouter les champignons; couvrir et continuer la cuisson.

Dès que le riz est cuit, le laisser reposer dans le micro-ondes 7 ou 8 minutes.

Ajouter 15 mL (1 c. à soupe) de beurre et mélanger le riz avec une fourchette.

Garnir de persil haché et servir.

Riz pilaf

(pour 4 personnes)

Réglage: FORT
Temps de cuisson: 21 minutes
Contenant: plat micro-ondes rond de 2 litres avec
couvercle

30 mL	(2 c. à soupe) de beurre
45 mL	(3 c. à soupe) d'oignon haché
250 mL	(1 tasse) de riz à longs grains, lavé et égoutté
½	feuille de laurier
500 mL	(2 tasses) de bouillon de poulet chaud
	sel et poivre

Mettre 15 mL (1 c. à soupe) de beurre dans le plat; ajouter les oignons, couvrir et faire cuire pendant 3 minutes.

Ajouter le riz, la feuille de laurier et le bouillon de poulet; saler et poivrer.

Couvrir et faire cuire pendant 18 minutes.

Après 10 minutes de cuisson, mélanger le riz avec une fourchette; couvrir et continuer la cuisson.

Dès que le riz est cuit, ajouter le reste du beurre et mélanger le tout avec une fourchette.

Couvrir le riz et le laisser reposer dans le micro-ondes 7 ou 8 minutes. Servir.

Riz à la cannelle

(pour 4 personnes)

Réglage: FORT
Temps de cuisson: 21 minutes
Contenant: plat micro-ondes rond de 2 litres avec
couvercle

30 mL	(2 c. à soupe) de beurre
2	échalotes, hachées
2	pommes, évidées, pelées et coupées en dés
250 mL	(1 tasse) de riz à longs grains, lavé et égoutté
500 mL	(2 tasses) de bouillon de poulet chaud
½	feuille de laurier
15 mL	(1 c. à soupe) de cannelle
	sel et poivre
	quelques gouttes de jus de citron

Mettre 15 mL (1 c. à soupe) de beurre dans le plat; ajouter les échalotes et les pommes.

Arroser le tout de jus de citron et parsemer les pommes de cannelle.

Couvrir et faire cuire pendant 3 minutes.

Retirer le plat du four; mettre de côté.

Mettre le riz dans le plat; ajouter le bouillon de poulet et la feuille de laurier.

Saler et poivrer; couvrir et faire cuire pendant 18 minutes.

Après 10 minutes de cuisson, mélanger le riz avec une fourchette.

Trois minutes avant la fin de la cuisson, ajouter les pommes; mélanger de nouveau avec une fourchette.

Couvrir le riz et continuer la cuisson.

Dès que le riz est cuit, le laisser reposer dans le micro-ondes 7 ou 8 minutes.

Ajouter 15 mL (1 c. à soupe) de beurre et mélanger le riz avec une fourchette. Servir.

Desserts

Crème caramel

Crème caramel

(pour 4 personnes)

Réglage: MOYEN
Temps de cuisson: 12 minutes
Contenant: petits ramequins

125 mL	(½ tasse) de sucre
50 mL	(¼ tasse) d'eau
500 mL	(2 tasses) de lait chaud
15 mL	(1 c. à soupe) de vanille
125 mL	(½ tasse) de sucre
3	oeufs entiers
2	jaunes d'oeufs

Mettre 125 mL (½ tasse) de sucre dans une petite casserole; ajouter 45 mL (3 c. à soupe) d'eau froide.

Amener le tout à ébullition sur l'élément de la cuisinière ordinaire, et, dès que le mélange devient de couleur or, placer la casserole dans un bol contenant de l'eau froide pour arrêter la cuisson.

Ajouter le reste de l'eau froide et remettre le tout sur l'élément, à feu moyen; faire chauffer jusqu'à ce que le caramel fonde dans l'eau.*

Verser dans les ramequins et mettre de côté.

Faire chauffer 125 mL (½ tasse) de sucre, le lait et la vanille dans une casserole, sur un élément de la cuisinière ordinaire.

Mettre les oeufs entiers et les jaunes d'oeufs dans un bol; mélanger le tout avec un fouet de cuisine.

Ajouter le lait chaud tout en mélangeant avec un fouet de cuisine.

Verser cette crème dans les ramequins; faire cuire, sans couvrir, pendant 12 minutes à réglage MOYEN.

Après 6 minutes de cuisson, tourner les ramequins d'un demi-tour.

Laisser reposer 3 ou 4 minutes et servir.

*Si vous versez le caramel dans les ramequins immédiatement après la coloration, sans y ajouter l'eau froide, il adhérera aux parois et, au moment de démouler la crème, la moitié du caramel restera dans les ramequins.

Technique

1 Mettre le sucre dans une casserole.

2 Ajouter l'eau froide.   →

Technique de la crème caramel (suite)

3 Faire caraméliser le mélange sur un élément de la cuisinière ordinaire; plonger la casserole dans l'eau froide pour arrêter la cuisson du sucre.

4 Dès que le mélange est froid, ajouter le reste de l'eau froide; faire cuire 2 ou 3 minutes; verser le tout dans les ramequins.

6 Ajouter le lait tout en mélangeant avec un fouet.

7 Verser la crème dans les ramequins.

Crème pâtissière

Réglage: MOYEN
Temps de cuisson: 8 minutes
Contenant: plat micro-ondes de 2 litres

425 mL	(1¾ tasse) de lait chaud
5	jaunes d'oeufs
125 mL	(½ tasse) de sucre
125 mL	(½ tasse) de farine tamisée
15 mL	(1 c. à soupe) de vanille
30 mL	(2 c. à soupe) de Cointreau
15 mL	(1 c. à soupe) de beurre non salé

Mettre les jaunes d'oeufs dans un plat; mélanger le tout avec un batteur électrique.

Ajouter le sucre et continuer de battre le mélange jusqu'à ce qu'il pâlisse.

Ajouter le lait chaud et incorporer le tout avec un fouet de cuisine.

Ajouter la vanille et mélanger de nouveau.

Incorporer la farine à l'aide d'une spatule.

Faire cuire, sans couvrir, pendant 8 minutes à réglage MOYEN, tout en remuant la crème à toutes les 2 minutes.

Incorporer le Cointreau et le beurre; couvrir avec une pellicule de plastique et laisser refroidir.

Technique

5 Mettre les oeufs dans un bol et les mélanger avec un fouet.

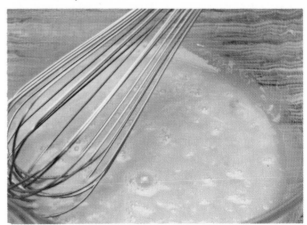

1 Mettre les jaunes d'oeufs dans un plat; mélanger le tout.

→

Technique de la crème pâtissière (suite)

2 Ajouter le sucre et mélanger de nouveau.

3 Mélanger les oeufs et le sucre jusqu'à ce que le mélange pâlisse, en utilisant, si possible, un batteur électrique.

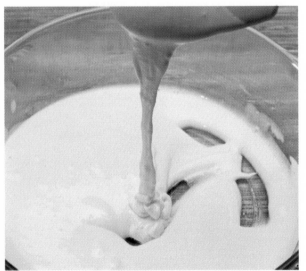

5 Le mélange doit être assez épais pour former des rubans.

6 Ajouter la vanille ; mélanger de nouveau.

Crêpes aux bananes
(pour 4 personnes)

4 Ajouter le lait chaud et bien mélanger le tout.

7 Incorporer la farine à l'aide d'une spatule.

Réglage : FORT
Temps de cuisson : 7 minutes au micro-ondes
Contenant : plat micro-ondes de 2 litres

Préparation de la pâte à crêpes

250 mL	(1 tasse) de farine
4	oeufs
300 mL	(1¼ tasse) de liquide (moitié eau, moitié lait)
30 mL	(2 c. à soupe) d'huile végétale, sel

Tamiser la farine et le sel dans un bol; ajouter les oeufs et mélanger le tout avec un fouet de cuisine.

Ajouter la moitié du liquide; mélanger de nouveau.

Ajouter le reste du liquide et l'huile; mélanger et passer le tout au tamis.

Si possible, faire reposer la pâte pendant 1 heure au réfrigérateur avant de former les crêpes.

Pour former les crêpes : beurrer légèrement la poêle à crêpes et la faire chauffer.

Verser une petite louche de pâte et faire un mouvement de rotation avec le poignet de façon que la pâte couvre le fond de la poêle.

Verser l'excès de pâte dans le bol.

Faire cuire les crêpes 1 ou 2 minutes de chaque côté.

Voir garniture et technique à la page suivante.

Technique des crêpes aux bananes

Préparation de la garniture de bananes

125 mL	(½ tasse) de cassonade
30 mL	(2 c. à soupe) de beurre
30 mL	(2 c. à soupe) de Cointreau
3	bananes, pelées et coupées en morceaux de 2,5 cm (1 po)
1	mangue, pelée et coupée en morceaux
30 mL	(2 c. à soupe) de sucre en poudre
8	crêpes
	jus de citron

Mettre la cassonade, le beurre, le jus de citron et le Cointreau dans le plat.

Couvrir avec une pellicule de plastique et faire cuire pendant 2 minutes.

Ajouter les fruits et mélanger le tout.

Couvrir et faire cuire pendant 5 minutes; retirer du four et laisser refroidir.

Égoutter les fruits et farcir les crêpes.

Plier les crêpes en 4 et les placer dans un plat de service allant dans un four ordinaire.

Saupoudrer de sucre et arroser le tout du jus de cuisson des fruits.

Faire dorer au four à gril (broil) pendant 2 minutes.

1 Mettre le beurre, le jus de citron, la cassonade et le Cointreau dans un plat; couvrir avec une pellicule de plastique et faire cuire pendant 2 minutes.

4 Ajouter les mangues.

5 Voici les fruits après la cuisson.

2 Ajouter les bananes et mélanger le tout.

3 Voici une mangue coupée en deux.

6 Égoutter les fruits et farcir les crêpes.

7 Saupoudrer de sucre et arroser le tout de sauce.

Crêpes aux pommes

(pour 4 personnes)

Mettre les pommes, la cannelle et le Cointreau dans le plat; mélanger le tout.

Ajouter la cassonade et le jus de citron; mélanger le tout.

Couvrir avec une pellicule de plastique; faire cuire pendant 10 minutes.

Retirer du feu et verser le tout dans un tamis.

Farcir les crêpes avec les pommes et les plier en 4.

Placer les crêpes dans un plat allant dans le four ordinaire.

Verser la sauce dans une petite casserole.

Délayer la fécule de maïs dans l'eau froide; incorporer ce mélange à la sauce et faire bouillir, sur l'élément de la cuisinière, pendant 2 minutes.

Saupoudrer les crêpes de sucre et les faire dorer au four à gril (broil) pendant 3 minutes.

Servir avec la sauce.

Réglage : FORT
Temps de cuisson : 8 minutes dans le micro-ondes
Contenant : plat micro-ondes de 2 litres

4	pommes, évidées, pelées et émincées
22 mL	(1½ c. à soupe) de cannelle
30 mL	(2 c. à soupe) de Cointreau
125 mL	(½ tasse) de cassonade
30 mL	(2 c. à soupe) de sucre
22 mL	(1½ c. à soupe) de fécule de maïs
45 mL	(3 c. à soupe) d'eau froide
4	grandes crêpes ou 8 petites crêpes
	jus de citron

3 Arroser le tout de jus de citron.

Technique

1 Mettre les pommes, la cannelle et le Cointreau dans un plat; mélanger le tout.

2 Ajouter la cassonade; mélanger de nouveau.

4 Voici les pommes après la cuisson.

5 Farcir les crêpes et les plier en 4.

Fraises au yogourt
(pour 4 personnes)

Réglage : FORT
Temps de cuisson : 5 minutes
Contenant : plat micro-ondes de 2 litres

2	chopines de fraises, lavées et équeutées
175 mL	(¾ tasse) de sucre
15 mL	(1 c. à soupe) de zeste de citron, haché
30 mL	(2 c. à soupe) de Cointreau
500 mL	(2 tasses) de yogourt nature
	quelques gouttes de jus de citron
	doigts de dame

Mettre les fraises dans le plat ; ajouter le sucre, le zeste de citron, le jus de citron et le Cointreau.

Couvrir avec une pellicule de plastique ; faire cuire pendant 5 minutes.

Laisser refroidir les fraises dans leur jus.

Placer 45 mL (3 c. à soupe) de fraises dans le fond d'une coupe ou d'un grand verre ; arroser de jus de fraises.

Ajouter du yogourt. Ne pas mélanger.

Répéter la même opération pour remplir toute la coupe.

Décorer avec une fraise et servir avec des doigts de dame.

1 Mettre les fraises, le sucre, les zestes et le jus de citron dans un plat ; ajouter le Cointreau ; couvrir et faire cuire pendant 5 minutes.

2 Laisser refroidir les fraises dans leur jus.

Parfait aux fraises

(pour 4 personnes)

Réglage : FORT
Temps de cuisson : 9 minutes
Contenant : plat micro-ondes de 2 litres

2	chopines de fraises, lavées, équeutées et entières
4	fraises entières pour la garniture
30 mL	(2 c. à soupe) de Cointreau
75 mL	(5 c. à soupe) de sucre
4	grosses boules de crème glacée
30 mL	(2 c. à soupe) de fécule de maïs
60 mL	(4 c. à soupe) d'eau
	quelques gouttes de jus de citron

Mettre les fraises dans le plat, les arroser de Cointreau et les saupoudrer de sucre.

Arroser le tout de jus de citron.

Couvrir avec une pellicule de plastique ; faire cuire 4½ minutes.

Mettre le tout en purée dans un robot-coupe ou un blender.

Transvider la purée dans le plat.

Délayer la fécule de maïs dans l'eau froide ; incorporer ce mélange à la purée de fraises.

Faire cuire, sans couvrir, pendant 4 minutes tout en remuant le mélange à toutes les minutes.

Laisser refroidir le tout au réfrigérateur.

Déposer 45 mL (3 c. à soupe) du mélange dans chaque coupe.

Ajouter une boule de crème glacée.

Recouvrir de purée de fraises.

Décorer avec une fraise fraîche. Servir.

Tarte au fromage

(pour 4 à 6 personnes)

Réglage : FORT
Temps de cuisson : 7 minutes dans le micro-ondes
Contenant : plat micro-ondes à tarte de 1,5 litre

Préparation de la tarte

375 mL	(1½ tasse) de chapelure de biscuits Graham
125 mL	(½ tasse) de sucre
75 mL	(⅓ tasse) de beurre
2	paquets de fromage en crème de 220 g (8 oz)
125 mL	(½ tasse) de sucre
30 mL	(2 c. à soupe) de Tia Maria
15 mL	(1 c. à soupe) de fécule de maïs
15 mL	(1 c. à soupe) de zestes d'orange
15 mL	(1 c. à soupe) de zestes de citron
3	oeufs entiers
125 mL	(½ tasse) de crème à 35%

Mettre 125 mL (½ tasse) de sucre et la chapelure dans un bol ; mélanger le tout.

Ajouter le beurre et l'incorporer au mélange avec un couteau à pâtisserie.

→

Verser le tout dans le plat et presser avec les mains. Faire cuire, sans couvrir, pendant 1¾ minute au micro-ondes.

Laisser refroidir et mettre de côté.

Mettre le fromage et 125 mL (½ tasse) de sucre dans le bol du robot-coupe; mélanger le tout.

Ajouter la crème, le Tia Maria, les zestes de citron et d'orange; ajouter la fécule de maïs, mélanger à nouveau.

Ajouter les oeufs, un à un, tout en mélangeant après l'addition de chaque oeuf.

Verser le mélange de fromage sur le fond de tarte cuit; faire cuire au micro-ondes, sans couvrir, pendant 7 minutes.

Retourner le plat 1 ou 2 fois pendant la cuisson.

Retirer du four et mettre de côté.

Préparation de la sauce

30 mL	(2 c. à soupe) de beurre	
30 mL	(2 c. à soupe) de sucre	
125 mL	(½ tasse) de jus d'ananas	
30 mL	(2 c. à soupe) de Cointreau	
250 mL	(1 tasse) d'ananas, coupés en dés	
1	chopine de fraises, lavées et équeutées	
15 mL	(1 c. à soupe) de fécule de maïs	
30 mL	(2 c. à soupe) d'eau froide	

Mettre le beurre dans une poêle à frire. Ajouter le sucre et faire cuire le tout pendant quelques minutes pour colorer le mélange.

Ajouter le jus d'ananas et le Cointreau; mélanger le tout.

Ajouter les fruits, mélanger et faire cuire pendant 2 minutes.

Délayer la fécule de maïs dans l'eau froide; incorporer ce mélange aux fruits; laisser refroidir.

Verser le tout sur la tarte au fromage; faire refroidir 2 heures au réfrigérateur. Servir.

Technique

Préparation du fond de tarte.

1 Mettre le sucre et la chapelure de biscuit dans un bol en acier inoxydable; mélanger le tout.

4 Mettre le mélange dans le plat à tarte en verre; faire cuire, sans couvrir, pendant 1¾ minute.

2 Ajouter le beurre.

3 Mélanger le tout avec un couteau à pâtisserie.

5 Disposer les fruits sur le fromage; réfrigérer pendant 2 heures; servir.

Tarte aux kiwis

Tarte aux kiwis

(pour 4 à 6 personnes)

Réglage : FORT
Temps de cuisson : 1½ minute au micro-ondes
Contenant : plat à tarte micro-ondes de 1,5 litre

375 mL	(1½ tasse)	de chapelure de biscuits Graham
125 mL	(½ tasse)	de sucre
75 mL	(⅓ tasse)	de beurre
250 mL	(1 tasse)	de crème pâtissière*
3		kiwis, pelés et coupés en rondelles
18 à 24		fraises, lavées et équeutées
45 mL	(3 c. à soupe)	de sucre
30 mL	(2 c. à soupe)	de Cointreau

Mélanger 125 mL (½ tasse) de sucre et la chapelure dans un bol.

Ajouter le beurre et l'incorporer au mélange à l'aide d'un couteau à pâtisserie.

Verser le tout dans le plat à tarte; presser le mélange avec les mains.

Faire cuire, sans couvrir, pendant 1½ minute au micro-ondes.

Laisser refroidir et mettre de côté.

Mettre les tranches de kiwis dans un bol. Ajouter 30 mL (2 c. à soupe) de sucre et 15 mL (1 c. à soupe) de Cointreau; faire mariner le tout pendant 15 minutes.

Mettre les fraises dans un bol, ajouter le reste du sucre et du Cointreau; faire mariner pendant 15 minutes.

Recouvrir le fond de tarte cuit de crème pâtissière. Garnir le tout de fraises et de kiwis marinés.

Réfrigérer pendant 30 minutes. Servir.

* Voir la recette dans ce livre.

Index

La composition de ce volume
a été réalisée par
les Ateliers de La Presse, Ltée

Achevé d'imprimer sur les presses
des lithographes
Laflamme & Charrier inc.

IMPRIMÉ AU CANADA